malta kroatien albanien bosnien montenegro serbien
en bulgarien rumänien litauen lettland estonien mold
en luxemburg niederlande dänemark f
nien portugal andorra griechenland ma alb
ürkei russland tschechien ungarn polen bulgarien ru
schweiz österreich detschland belgien luxemburg nie
nd schottland frankreich italien spanien portugal ando
serbien mazedonien slovenien türkei russland tschec
n moldavien ukraine slowakei schweiz österreich det-
schweden norwegen england irland schottland frankre
en albanien bosnien montenegro serbien mazedonien
rumänien litauen lettland estonien moldavien ukrai-
urg niederlande dänemark finland schweden norwege
al andorra griechenland malta kroatien albanien bosn
and tschechien ungarn polen bulgarien rumänien lita
rreich detschland belgien luxemburg niederlande däne
nd frankreich italien spanien portugal andorra grieche
edonien slovenien türkei russland tschechien ungarn
en ukraine slowakei schweiz österreich detschland be
gen england irland schottland frankreich italien spanie
snien montenegro serbien mazedonien slovenien türke
uen lettland estonien moldavien ukraine slowakei sc
mark finland schweden norwegen england irland scho
and malta kroatien albanien bosnien montenegro serb
polen bulgarien rumänien litauen lettland estonien m
lgien luxemburg niederlande dänemark finland schwed
nien portugal andorra griechenland malta kroatien alb
kei russland tschechien ungarn polen bulgarien rum
eiz österreich detschland belgien luxemburg niederlan
ottland frankreich italien spanien portugal andorra fra

NORWEGEN PORTUGAL POLEN LITAUEN FRANKREICH ITALIEN IRLAND GRIECHENLAND ÖSTERREICH

YVES SEEHOLZER

THE Vegan Taste OF EUROPE

Europas beste Rezepte von Norwegen bis Griechenland

stiebner

INHALT

VORWORT

Hey du!
Du hast mein neues Kochbuch in der Hand. Das freut mich wirklich.

Was dich erwartet? Ich möchte dir die kulinarische Vielfalt der europäischen pflanzenbasierten Küche vorstellen. In einer Zeit, in der das Thema Nachhaltigkeit immer wichtiger wird, sollten auch das Kochen und die Ernährung einen noch größeren Stellenwert bekommen. Und was ist nachhaltiger, als nach der Küche zu kochen, die unsere Vorfahren entwickelt haben? In diesem Kochbuch findest du keine Rezepte mit Avocados aus Mexiko oder Mangos, die von irgendwo hereingeflogen werden müssen. Und einmal Hand aufs Herz – das braucht es auch nicht. Denn die europäische Küche ist mit Abstand die vielseitigste Küche, die ich kenne. Wo sonst auf der Welt treffen so viele Kulturen auf so engem Raum zusammen? Das macht unsere Küche einzigartig. Ich kann morgens früh ins Auto oder in den Zug steigen und in wenigen Stunden bin ich in einem anderen Land, das mir Köstlichkeiten serviert, von denen ich vielleicht noch nicht einmal gehört habe. Diese Vielfalt findest du nur in Europa, das kann ich dir garantieren.

Du wirst in diesem Kochbuch bekannte und weniger bekannte Gerichte finden. Es gibt Rezepte, die ich als gelernter Koch über die Jahre gesammelt habe. Einige kenne ich von meinen Entdeckungsreisen, andere nur vom Hörensagen. Wieder andere sind Klassiker der französischen Küche und waren in meinen Zeiten als Koch tägliches Brot. Natürlich sind auch zwei bis drei Rezepte in diesem Buch, die meine Mutter oft gekocht hat. Oft sind die einfachsten Rezepte die köstlichsten. Zumindest empfinde ich das so. Keep it simple!

Kochen soll Spaß machen und das Ergebnis lecker schmecken. Ich hoffe, ich kann mit diesem Buch beides für dich zusammenbringen, und wünsche dir gutes Gelingen und »En Guete!«, wie wir in der Schweiz so schön sagen.

DEIN YVES

ÜBER MICH

Wer ich bin? Natürlich möchte ich mich dir gerne vorstellen. Dir erzählen, wer ich bin und warum ich in den vergangenen Jahren Bücher geschrieben habe.

Mein Name ist Yves. Manche Menschen in fernen Ländern nennen mich auch Timo und in Indien nennen mich einige Shivabooshan. Du darfst mich aber auch Kartoffel nennen. Es ist nicht so wichtig.

Viel interessanter ist es, dir zu erzählen, warum ich überhaupt tue, was ich tue. Ich habe lange gegen den Krebs gekämpft. Er war kurz davor, mich zu besiegen, und ich hatte kaum noch die Kraft, auf meinen eigenen Beinen zu stehen. Da musste ich eine Entscheidung treffen. Gebe ich auf oder mache ich weiter? Am Ende der Welt, in Neuseeland, fällte ich diese Entscheidung. Während ich weinend den wohl schönsten Sonnenuntergang meines Lebens beobachtete und sah, wie die Wellen sich unten an den scharfen, sicherlich 15 Meter hohen Klippen brachen, sagte ich zum ersten Mal wahrhaftig JA zu meinem Leben. Aus einem mir unbekannten Grund verstand ich, dass es völlig egal ist, wer ich bin, was ich gerade durchmache und ob ich Krebs habe oder nicht. Viel wichtiger ist es, zu wissen, warum und wofür ich leben will. Deshalb spielt es heute keine Rolle mehr, wie ich mich nenne oder welche Titel ich erlange. Letztendlich bin ich der, der dieses Leben lebt und erfährt. Der sieht, was es zu sehen gibt, und der tut, was getan werden darf. Es ist im Grunde ganz einfach. Und wenn die Zeit kommt, werde ich gehen, wie ich gekommen bin: mit leeren Taschen, aber einem riesigen Schatz an Wissen – Wissen über das Leben und das Sterben.

Als ausgebildeter Koch war das Kochen immer ein wichtiger Teil meines Lebens. Egal, wo ich war – ob ich in Australien an einem schönen Sandstrand den Grill anheizte, während meiner ersten Kochbuchreise in einem Camper stand und meine zwei Pfannen schwenkte, oder später in Indien, wo ich mir von den besten indischen Hausfrauen die leckersten Currys abschaute –, immer hat es mir Spaß gemacht. Ich koche einfach gerne – für mich selbst, für meine Freunde und in diesem Buch auch für dich. Die Kulinarik hat mich auf all meinen Reisen, die mich inzwischen durch über 45 Länder geführt haben, begleitet und begeistert. Ich betrachte es als großes Glück, die Möglichkeit zu haben, die Welt auf diese Weise entdecken zu dürfen. Nicht nur mit meinen Augen, sondern auch mit meinen Geruchs- und Geschmackssinnen.

Neben dem Kochen, und wenn ich mich nicht gerade in ein neues Abenteuer stürze oder mich mit Philosophie und Geisteswissenschaften beschäftige, widme ich meine Zeit meinen anderen Hobbys. Dazu gehören Skateboardfahren, Kaffee oder ein alkoholfreies Bier zu trinken, während ich die Gespräche an den Nachbartischen belausche und Leute beobachte. Doch am allerliebsten mag ich es, wenn ich nicht genau weiß, was vor mir liegt. Wenn ich einfach mal wieder alles hinter mir lassen kann. Meine Wohnung kündige und all mein Hab und Gut in eine kleine Garage räume. Nicht zu wissen, was kommen mag, ohne zu planen und zu überlegen, wie alles geschehen könnte, ist für mich wahrscheinlich so, wie wenn sich ein Bergsteiger an einen neuen Gipfel wagt – neugierig, voller Energie und Vorfreude, aber auch mit Vorsicht und Bedacht. Am wichtigsten ist, dass mich etwas Neues erwartet. Ich liebe einfach das Ungewisse.

All das beruht auf einer Basis oder einem System, nach dem ich zu leben versuche. Viele bezeichnen es als Yoga. Aber die Bezeichnung ist letztlich nebensächlich. Für mich ist Yoga ein Lebensstil, dem ich vertraue. Die Lehren des Yoga sind für mich wie ein Rezept für ein leckeres Gericht. Yoga umfasst alle Zutaten, die es für das Leben braucht. Die Lehre bietet eine ungefähre Landkarte für ein erfülltes und nachhaltiges Dasein. Sie eröffnet die Möglichkeit, die Tiefe des Lebens zu erfahren, sofern man bereit ist, über den Tellerrand zu blicken und Neues zu wagen. Die yogischen Weisheiten helfen mir, Vertrauen in den Prozess des Lebens zu haben, selbst wenn ich immer wieder an mir selbst scheitere und daran wachse. Yoga lehrt mich, mich nicht nur auf das Ziel zu konzentrieren, sondern den Prozess zu genießen und dem Weg zu vertrauen. Zu glauben, dass beispielsweise das, was ich in diesem Buch teile, dazu beiträgt, die Welt ein Stück weit nachhaltiger zu gestalten. Dieses Vertrauen zu haben, fällt mir nicht immer leicht. Es ist eine ständige Herausforderung – ganz wie das Leben selbst.

Yoga bedeutet Verbundenheit – das Einssein. Einssein mit dem, was man ist und tut. Wenn ich koche und Rezepte entwickle, erlebe ich Momente, in denen ich mich frei von Zeit und Raum fühle. Oft versinke ich tief in diese Augenblicke und vergesse alles um mich herum, alles, was noch zu tun oder zu erledigen wäre. In einer Hand das Messer, in der anderen ein Stück Gemüse, ein Stift hinter dem Ohr, die Kappe nach hinten gerichtet, mit Jack Johnson oder Bob Marley im Hintergrund, mit allen Sinnen ganz in den Prozess vertieft. Das ist Kochen für mich.

Aber auch wenn ich über die staubtrockenen Pisten Albaniens fahre oder die schwer zugänglichen Strände Portugals erkunde, gibt es diese kurzen Augenblicke, in denen alles eins zu sein scheint. Alles wird irrelevant und der Moment darf einfach für sich stehen, ohne dass ich ihn bewerte. Nur dann fühle ich mich wahrhaft frei – frei von meinen eigenen Gedanken, und sei es auch nur für einen ganz kurzen Augenblick. Das ist Yoga.

Dieses Leben ist keine perfekt geteerte Straße und schon gar kein gemütlicher Abendspaziergang, während einem die Sonne ins Gesicht scheint. Nein, manchmal regnet und stürmt es, und unsere Stimmung gleicht eher dem schlechten Wetter als der sommerlichen Abendsonne. Das Leben ist auch keine störungsfreie Fahrt auf der A1 in Richtung »Friede, Freude, Eierkuchen«. Es ist eine holprige Straße, mit Schlaglöchern, Pfützen und kilometerlangen Staus, die es beschwerlich erscheinen lassen. Doch im Grunde geschieht das Leben einfach so. Das Einzige, was wir tun können, ist, zu lernen, mit den Umständen umzugehen. Ich glaube, darin besteht die Aufgabe des Lebens: zu entdecken, zu erleben, zu scheitern und daran zu wachsen. Mir gelingt das am besten, wenn ich unterwegs bin. Wenn ich nicht genau weiß, wohin mich mein Weg führt. In solchen Momenten spüre und erfahre ich das Leben am intensivsten, besonders, wenn ich auf mich allein gestellt bin.

Ich hoffe von Herzen, dir mit diesem Koch- und Reisebuch eine kleine Freude zu bereiten. Ich wünsche mir, dass auch du Spaß daran hast, das Leben in all seinen Facetten zu erfahren!

NACHHALTIGE EUROPÄISCHE KÜCHE

Das Thema Nachhaltigkeit ist mittlerweile in aller Munde. Und das ist auch gut so!

Die Rezepte in diesem Buch sind zum größten Teil sehr nachhaltig. Denn sie sind altbewährt und gehen teilweise Generationen oder sogar ganze Zeitalter zurück. Und in jenen Zeiten gab es noch keine Flugzeuge oder 40 Tonnen schwere Lastwagen, die täglich dafür sorgten, dass jedes erdenkliche Gemüse in jedem Supermarkt verfügbar ist.

Es ist sinnvoll, Zutaten so lokal wie möglich zu beziehen. Vielleicht hast du ja einen netten Biobauern in deiner Nähe oder einen Wochenmarkt im Nachbarort. Auch viele Supermärkte bieten mittlerweile Gemüse und andere Lebensmittel aus der Region an. Die kurzen Transportwege sichern nicht nur frischeren Geschmack und reiferes Gemüse, sondern sind zudem umweltfreundlicher.

Wie wir uns ernähren, hat erheblichen Einfluss auf die Treibhausgasemissionen und damit auf das Klima. Je stärker ein Produkt verarbeitet, je aufwendiger es verpackt wurde und je weiter die Transportwege sind, desto höher sind der CO_2-Ausstoß sowie der Wasser- und Energieverbrauch. Deshalb möchte ich dich einladen, bei deinem nächsten Einkauf zu versuchen, bewusster zu wählen. Glaub mir, es macht sogar wirklich Spaß, zu wissen, was in deinen Lebensmitteln steckt, und vor allem, woher sie kommen. Bewussteres Einkaufen, Kochen und letztlich Leben beginnt mit Selbstreflexion und damit, dass du deine eigenen Handlungen beobachtest.

Glaub es oder nicht: Wie du dich ernährst, hat einen größeren Einfluss auf den Gesamtorganismus unseres Planeten, als du vielleicht annimmst. Ich möchte hier nicht mit Studien um mich werfen, dir Philosophien vorhalten oder Wissenschaftler zitieren. Mach dich selbst schlau und du wirst rasant erkennen, dass es absolut sinnvoll ist, mit heimischen und lokalen Zutaten zu kochen. Aber wie gesagt, es muss gar nicht extrem sein und es soll nicht ab jetzt verboten sein, eine Mango zu kaufen. Vielmehr geht es darum, deine Handlungen bewusst zu hinter-

fragen und gegebenenfalls anzupassen. Denn wir tragen doch alle eine gewisse Verantwortung für das Wohl unseres Planeten und seiner Bewohner.

Ich lege bei der Auswahl der Zutaten, die ich zum Kochen verwende, nicht nur Wert auf Nachhaltigkeit, sondern orientiere mich ebenso an meinen gesundheitlichen Bedürfnissen. Aufgrund meiner persönlichen Erfahrungen mit Krebserkrankungen und meinem langjährigen Studium im Bereich der Ernährung verwende ich einige Produkte, die in Europa nicht heimisch sind. Denn es ist sinnvoll, die Welt nicht durch eine enge, voreingenommene Perspektive zu betrachten. Objektivität ist wichtig, aber man muss auch persönliche Bedürfnisse einbringen. Dann macht das Leben mehr Spaß. Mir ist es wichtig, das bestmögliche Produkt zu kaufen, das mir, basierend auf den mir zur Verfügung stehenden Informationen, eine nachhaltige Produktion sowie die Einhaltung ethischer und moralischer Richtlinien garantiert.

Zum Braten verwende ich beispielsweise ausschließlich Kokosfett. Studien im Bereich der Ernährungswissenschaften liefern immer mehr Belege dafür, dass flüssigen Öle wie Olivenöl, Rapsöl oder auch Sonnenblumenöl nicht erhitzt werden sollten – auch wenn »hoch erhitzbar« auf dem Etikett steht.

Wenn ich Zucker verwende, dann greife ich meist zu Vollrohrzucker statt zu Rohzucker oder Birnendicksaft. Denn bei seiner Herstellung wird darauf geachtet, dass die wichtigen Mineralien und Vitamine, die im Zuckerrohr enthalten sind, vorhanden bleiben. Für mich als ehemaligen Krebspatienten macht es keinen Sinn, »leeren« Zucker zu kaufen, wie es beim handelsüblichen Zucker der Fall ist.

Dieses Buch ist kein Dogma. Aber es ist ein Aufruf, bewusster zu leben, zu kochen und zu genießen – im Einklang mit der Umwelt und unseren persönlichen Bedürfnissen.

VORRATSLISTE

Eine gut sortierte Vorratskammer ist das A und O. Stelle sicher, dass du stets eine solide Basis an Zutaten zu Hause hast. So bist du jederzeit bereit, egal ob für ein spontanes Abendessen oder ein geplantes kulinarisches Erlebnis. Mit dem richtigen Vorrat ist das Kochen nicht nur einfacher, sondern auch inspirierender. Lass uns gemeinsam sicherstellen, dass es dir nie an Möglichkeiten mangelt!

Essige, Öle & Saucen

Kokosfett
kalt gepresstes Olivenöl
kalt gepresstes Sonnenblumenöl
geschmacksneutrales Sonnenblumenöl
Rapsöl
Leinöl für Salate
Nussöl für Salate
Aceto Balsamico di Modena, jung
Aceto Balsamico di Modena, gereift
Aceto Balsamico Bianco
Kräuteressig
Rotweinessig
Weißweinessig
Sojasauce
Sesamöl
Rotwein
Weißwein

Pasta, Getreide, Hülsenfrüchte

Linsenpasta
Erbsenpasta
Dinkelpasta
Vollkornpasta
Lasagneblätter
Parpadelle
Glutenfreie Pasta, z. B. aus Mais
Haferflocken
Buchweizen
Risottoreis
Langkornreis, parboiled
Wildreis-Mix
Wildreis
Vollkornreis
Hirse
Braune Linsen
Tellerlinsen
Rote Linsen
Belugalinsen
Kichererbsen, getrocknet & Glas/Dose
Kidneybohnen, getrocknet & Glas/Dose
Borlottibohnen, getrocknet & Glas/Dose
Weiße Bohnen, getrocknet & Glas/Dose
Gelbe Erbsen, getrocknet
Grüne Erbsen, getrocknet

Mehle & Co.

Dinkelmehl
Vollkorndinkelmehl
Weizenmehl
Vollkornweizenmehl
Buchweizenmehl
Roggenmehl
Kichererbsenmehl
Trockenhefe
Backpulver
Sauerteigkulturen
Kartoffelstärke

Gewürze

Steinsalz
Himalayasalz (unraffiniert und reich an Mineralien)
Meersalz, grob
Pfeffer weiß und schwarz
Muskatnuss
Kümmelsamen, ganz
Kreuzkümmelsamen, ganz
Koriandersamen, ganz
Wacholderbeeren
Pimentkörner
Lorbeerblätter
Nelken
Chiliflocken
Cayennepfeffer
Zimtpulver und Zimtstangen
Safranfäden
Paprikapulver, edelsüß
Paprikapulver, geräuchert
Senfsamen
Kurkumapulver
Rosmarin, getrocknet
Thymian, getrocknet
Petersilie, getrocknet
Oregano, getrocknet
Majoran, getrocknet
Bohnenkraut, getrocknet
Gemüsebrühe (Paste)

Sonstiges

Zwiebeln
Knoblauch
Kartoffeln (dunkel lagern oder im Kühlschrank)
vegane Mayonnaise
Senf, grobkörnig
Senf, mild fein
Dijon-Senf
Vollrohrzucker
Agavendicksaft
Birnendicksaft
Dattelsirup
Hafermilch
Sojamilch
Kokosmilch
Hafersahne
Vegane Crème fraîche (z. B. aus Cashews oder Mandeln)
pflanzlicher Joghurt
Tomatenmark
Tomatensauce (Glas)
Tomatenstücke (Dose)
Kapernäpfel
Kapern
Oliven, schwarz & grün

TIPPS UND TRICKS FÜR DEN KÜCHENALLTAG

Die einfachste Gemüsebrühe

Über eine Woche hinweg sammelst du alle deine »Abfälle« vom Gemüseputzen im Kühlschrank in einer Schüssel – beispielsweise von Karotten (Schale und Strunk), Fenchel, Zucchini, Paprika, Knollen- und Stangensellerie, Zwiebeln und Kräutern (Stiele). Wenn du gut zwei Handvoll beisammen hast, sortierst du sie nochmals durch und wäschst sie dann in einem Sieb mit lauwarmem Wasser gründlich ab. Das Ganze in einen Kochtopf geben, mit Wasser auffüllen und ein paar Gewürze nach Wahl hinzufügen: Lorbeerblätter, Nelken, Pfeffer- und Senfkörner, Kümmelsamen, Wacholderbeeren oder Pimentkörner sind ideale Begleiter. Die ganzen Gewürze kannst du im Mörser etwas zerstoßen. Ein wenig Salz dazu und für gut 60 Minuten bei niedriger Hitze köcheln lassen. Danach abgießen und fertig ist eine perfekte Gemüsebrühe. Du kannst sie locker sieben Tage im Kühlschrank aufbewahren oder portionsweise einfrieren.

Das Messer

Ja, das Thema mit dem guten alten Messer. Du glaubst nicht, was ich in all den Jahren alles zu Gesicht bekommen habe. Kein Wunder, dass manche Menschen keine Lust auf Kochen haben. Könnte ich mit meinem Messer kaum eine Tomate halbieren, ohne mein weißes T-Shirt vollzuspritzen, hätte ich ebenfalls keine Lust darauf. Ein richtig scharfes Messer ist das Allerwichtigste in der Küche. Übrigens geschehen weniger Schnittunfälle mit scharfen Klingen als mit stumpfen. Wenn du nun in deine Messerschublade schaust und deine Messer nichts mehr taugen, dann lass sie schleifen oder investiere in neue. Es ist wie beim Fahrradfahren: Mit einem klappernden Fahrrad macht der Ausflug zum See oder auf deinen Lieblingsberg keinen Spaß. Genauso ist es mit dem Messer.

Die Rezepte

Ich hänge nicht an den einzelnen Rezepten. Fühl dich frei, zu experimentieren! Lass eine Zutat weg oder ersetze sie durch etwas für dich Passenderes. Wenn dir die Kapernäpfel beim toskanischen Bauernsalat nicht schmecken, dann lass sie weg oder nimm stattdessen ein paar geröstete Nüsse. Das ist kein Problem. Bei den meisten Rezepten kannst du deine Kreativität einfließen lassen, und das ist sogar sehr erwünscht! Auf diese Weise entstehen doch die besten Rezepte überhaupt. Auch mit Gewürzen und Kräutern kannst du erfinderisch sein. Beim Kochen gibt es kein Richtig oder Falsch, es soll am Ende einfach gut schmecken. Denn dieses Kochbuch soll dir nicht nur als Rezeptbuch dienen, sondern dir dabei helfen, dich von der europäischen Küche und ihren Zutaten inspirieren zu lassen. Vielleicht hast du beim Durchblättern plötzlich Lust auf Spargel, da du beim Spargelsalat hängen geblieben bist, doch es ist keine Spargelsaison. Dann ersetze den Spargel doch einfach durch grüne Stangenbohnen oder Babykarotten. Hab Freude und Spaß daran, den Rezepten deinen ganz persönlichen Touch zu verleihen!

Die Aufbewahrung

Kennst du das auch? Die Rüben vom Markt werden schon nach wenigen Tagen auch im Kühlschrank gummiartig und schlaff. Frisch gepflückte oder gekaufte Kräuter lassen bereits 1–2 Tage nach dem Einzug ihre Köpfe hängen. Es gibt einen einfachen Trick: Wenn Gemüse oder Obst verpackt ist, packe es aus und lege es ins Gemüsefach. Nimm ein großes Geschirrtuch aus Baumwolle oder Leinen und benetze es komplett mit kaltem Wasser. Wringe es aus und lege es über das ganze Gemüse oder die Früchte. Damit sorgst du für genug Feuchtigkeit und die Lebensmittel bleiben länger frisch. Auch für Kräuter gibt es eine einfache Lösung: Fülle ein Gefäß oder ein Glas mit Wasser und stelle sie hinein wie Blumen in eine Vase. So bleiben sie viel länger frisch.

Hinweise für die Vor- und Zubereitung der Rezepte

Folgende Arbeitsschritte setze ich voraus und erwähne sie nicht bei jedem Rezept:

1. Wenn es nicht anders erwähnt ist, werden Kräuter wie Petersilie, Basilikum, Majoran, Liebstöckel, Oregano, Estragon oder Kerbel, Rosmarin oder Thymian etc. ohne die Stiele verwendet. Die Blätter werden von den Stielen gezupft.

2. Zwiebeln, Knoblauch und Kartoffeln werden geschält.

3. Kräuter, Gemüse, Obst und Pilze müssen gründlich gewaschen oder geputzt werden.

4. Getreide und Hülsenfrüchte werden vor der Zubereitung in einem Sieb mit kaltem oder lauwarmem Wasser abgespült.

5. Ich verwende fast ausschließlich Bio- und, wenn möglich, saisonales Gemüse – weil es einfach Sinn macht.

6. Alle Milchersatzprodukte können durch Kuh- oder andere Tiermilchprodukte ersetzt werden.

7. Wer die Rezepte nicht pflanzenbasiert genießen will, darf natürlich kreativ sein und nach eigener Erfahrung Fleisch oder Fisch zu den Rezepten hinzufügen. Der Kreativität sollen keine Grenzen gesetzt werden.

GRUNDREZEPTE

Vegane Mayonnaise

150 ml Sojamilch
40–50 g Senf
½ TL Stein- oder Meersalz
400 ml Sonnenblumenöl
3–4 EL Zitronensaft
4 EL Kräuteressig

Sojamilch mit Senf und Salz in ein hohes Gefäß geben und mit einem Stabmixer mixen. Nach und nach das Sonnenblumenöl unter ständigem Mixen hinzufügen, bis die Mayo anfängt, einzudicken. Zitronensaft und Kräuteressig nach Geschmack hinzugeben und nach Belieben mit Salz nachwürzen.

Vegane Cashew-Mayonnaise

200 g Cashewkerne
50 g Sonnenblumenöl
50 ml Wasser
Saft von ¼ Zitrone
1 EL Senf
2 TL Kräuteressig
1 Prise Kurkuma, gemahlen
1 Prise Cayennepfeffer
½ Handvoll Petersilie
Salz, Pfeffer

Die Cashewkerne mind. 1 Stunde (oder über Nacht) in kaltem Wasser einlegen. Ohne das Wasser fein mixen (ca. 20 Sekunden). Alle anderen Zutaten hinzufügen und noch mal kurz mixen. Mit Salz und Pfeffer abschmecken. Entweder gleich servieren oder in ein Glas füllen und im Kühlschrank für maximal 7 Tage lagern.

Senf-Mayonnaise

200 g vegane Mayonnaise
2–3 EL Pflanzenjogurt
3 EL grobkörniger Senf
etwas frischer Zitronensaft
½ Handvoll Kerbel, fein gehackt

Alles vermischen und mit Salz und Pfeffer abschmecken.

Sauce rémoulade

200 g vegane Mayonnaise
1 Schalotte, fein gewürfelt
2 EL Kapern, fein gehackt
½ Bund Schnittlauch, fein geschnitten
½ Handvoll Petersilie, fein gehackt
2 EL Sojajogurt
1 Prise Cayennepfeffer
Salz, Pfeffer

Alles vermischen und mit Salz und Pfeffer abschmecken.

Béchamel-Sauce

50 g vegane Margarine oder Pflanzenfett
50 g Dinkelmehl
200 ml Sojadrink
200 ml Gemüsebrühe
Salz, Pfeffer, Muskat

Margarine oder Pflanzenfett in einer kleinen Pfanne erhitzen. Mehl dazugeben und mit einem Schneebesen zu einer Mehlschwitze rühren. Mit Sojadrink und Gemüsebrühe auffüllen und unter Rühren aufkochen. Mit Salz, Pfeffer und Muskat würzen.

French Dressing

1 Zwiebel
1 Knoblauchzehe
2 EL milder Senf
2 TL Vollrohrzucker
150 ml Sojadrink
Saft von ½ Zitrone
100 ml Kräuteressig
250 ml Sonnenblumenöl
200 ml Gemüsebrühe
1 Prise Cayennepfeffer
Salz, Pfeffer

Zwiebeln und Knoblauch grob hacken. Zwiebeln, Knoblauch, Senf, Zucker, Sojadrink, Zitronensaft und Kräuteressig in eine hohe Form oder Schüssel geben und zu einer dickflüssigen Masse mixen. Sonnenblumenöl und Gemüsebrühe nach und nach untermixen und alles zu einer homogenen Sauce aufmontieren. Am Schluss mit Cayennepfeffer, Salz und Pfeffer abschmecken.

Joghurt-Salatsauce

400 g Pflanzenjogurt (Soja, Hafer, Mandel, Kokos, Cashew)
Saft von 1 Zitrone
50–100 ml Gemüsebrühe oder Wasser
1 Handvoll glatte Petersilie, fein gehackt
1 EL Vollrohrzucker
Salz, Pfeffer

Alles in einer Schüssel vermischen und würzen. Nach Belieben etwas mehr Zitronensaft oder Essig hinzufügen. Gerne mit Kräutern wie Liebstöckel, Kerbel oder Estragon experimentieren.

Veganese (vegane Bolognese-Sauce)

2 Zwiebeln
3 Knoblauchzehen
2 große Karotten
150 g Knollensellerie
3 Tomaten
2 EL Pflanzenfett (bevorzugt Kokosfett)
2 EL Tomatenmark
100 ml Rotwein
1 Dose stückige Tomaten (200–300 g)
1 Glas milde Tomatensauce (400 g)
100–200 ml Gemüsebrühe
1 TL getrockneter Rosmarin
1 TL getrockneter Thymian
1 TL getrockneter Oregano
2 Lorbeerblätter
1–2 EL Vollrohrzucker
2 Handvoll Sonnenblumenkerne, grob gehackt
Salz, Pfeffer

Zwiebeln und Knoblauch fein würfeln. Karotten und Sellerie in ca. 4 mm große Würfel schneiden. Das Tomatenfruchtfleisch grob würfeln. Das Pflanzenfett in einem Topf erhitzen und Zwiebeln und Knoblauch darin glasig dünsten. Karotten- und Selleriewürfel hinzufügen und 4–5 Minuten mitdünsten. Tomatenwürfel hinzufügen und mitdünsten. Tomatenmark hinzufügen und kurz mitdünsten. Mit Rotwein ablöschen und einköcheln lassen. Die Dosentomatenwürfel sowie die Tomatensauce und 100 ml Gemüsebrühe hinzufügen und einmal aufkochen. Kräuter und Zucker hinzufügen und auf niederer Hitze unter gelegentlichem Rühren köcheln lassen. Bei Bedarf etwas mehr Brühe hinzufügen. 5–10 Minuten vor Schluss noch die Sonnenblumenkerne hinzufügen und die Sauce mit Salz und Pfeffer kräftig würzen.

Sucette
Sucette

Die französische Küche

EINE KURZE GESCHICHTE DER KOCHKUNST

Die Kochkunst ist vermutlich eine der ältesten Kulturtechniken überhaupt. Im Grunde ist sie so alt wie die Menschheit selbst – schätzungsweise 1,5 Millionen Jahre! Ursprünglich diente das primitive Kochen nur dem Überleben. Heute jedoch ist Kochen eine Kunstform, die nicht nur notwendig ist, sondern auch unsere Sinne befriedigt. Und sie bringt Menschen aus aller Welt zusammen. Ich behaupte, dass der größte Austausch von Kunst und Kultur weltweit auf kulinarischer Ebene stattfindet. Ob beim Geschäftstreffen, einem Date, im Urlaub oder auf sonstigen Reisen – Essen verbindet uns alle. Wo wir gemeinsam speisen, enden Kriege. Wo wir zusammen am Tisch sitzen und Großmutters Eintopf genießen, begraben wir oft Streitereien und Uneinigkeiten, wenn auch nur für einen Augenblick. Es herrscht Harmonie. Ohne die Verbundenheit, die das gemeinsame Essen schafft, könnten wir nicht leben.

Die Entwicklung der klassischen Küche in Frankreich

In der Renaissance gab es in Europa vielfältige Kochstile, Kochgewohnheiten und eine beeindruckende Vielfalt an Gerichten und Zubereitungsarten. Zu den wichtigsten Küchen zählten die französische, die spanisch-portugiesische, die italienische und griechische sowie die deutsche. Aber auch die slawische und die Küche des heutigen Skandinaviens trugen ihren Teil zur europäischen Kochkultur bei.

Jede dieser Küchen hatte ihre Eigenheiten und Besonderheiten. Zu jener Zeit unterschied man zwischen zwei Arten des Kochens: der bürgerlichen oder bäuerlichen Art, die mit nahrhaften Gerichten den Hunger stillen und Energie für die oft körperlich anstrengende Arbeit liefern sollte. Und der hohen Kochkunst, die meist dem Adel vorbehalten war. Hier wurde experimentiert und getüftelt, um die delikatesten Speisen zu kreieren. Im 17. und 18. Jahrhundert war der französische Hof kulturell führend in Europa und somit hatte auch die französische Küche einen großen Einfluss auf die Adelshäuser in ganz Europa.

Erst Anfang des 20. Jahrhunderts begannen die vielfältigen Küchen Europas langsam zu verschmelzen und man adaptierte einzelne Zubereitungsarten und Gerichte. Vor allem während der weltweiten Industrialisierung, während sich der Handel immer weiter öffnete und die Transportwege einfacher und die Verfügbarkeit von Lebensmittel erleichtert wurden, entwickelte sich die sogenannte klassische Küche zu einer weltweit verbreiteten Kochkunst. In Frankreich wurde das Kochen durch den Adel ganz besonders gefördert, und so verbreitete sich auch von dort aus die Lehre vom Kochen, nach denen noch heute die Köche auf der ganzen Welt ausgebildet werden.

Kochen ist einerseits Leidenschaft und Kunst, andererseits Lehre und Philosophie. Vor allem in Frankreich wurden über die Jahrhunderte Prozesse verfeinert und zu einem System kombiniert, das sämtliche Aspekte des Kochens umfasst und zum Standard wurde. Die französische Küche, nach deren Prinzipien ich selbst koche, zeichnet sich durch die hohe Qualität der Lebensmittel und die sorgfältige Zubereitung der Gerichte aus. Die »Haute Cuisine« ist wahrscheinlich die berühmteste Küche und das Vorbild für sämtliche Gourmetküchen der Welt. Ihr Einfluss ist so groß, dass sich nicht nur die französische Küchensprache weltweit durchgesetzt hat, sondern auch die Zubereitungsarten bis hin zu einzelnen Arbeitsschritten Teil der globalen Kochkunst ist. Heutzutage werden beispielsweise alle Suppen und Saucen nach den Regeln der Haute und der Grande Cuisine zubereitet. Auch die klassische Menüfolge mit Suppe, Hauptgang und Dessert sowie die Steigerung der Gänge stammt ursprünglich vom französischen Hof, wo ein Menü aus bis zu 13 Gängen bestand, für die man nicht selten fünf Stunden lang speiste, jeweils begleitet vom passenden Wein.

In Europa steckt also eine enorme Menge an Kochkunst, und obwohl der Mensch aus Afrika stammt, wurde das Kochhandwerk in Frankreich verfeinert und auf einen globalen Standard gehoben.

FRANKREICH

ZWIEBELSUPPE

Soupe à l'oignon

30 MINUTEN 3-4 PORTIONEN

800 g Zwiebeln
4 Knoblauchzehen
½ Handvoll frische Petersilie
Pflanzenfett (bevorzugt Kokosfett)
150 ml Weißwein
800-900 ml Gemüsebrühe
2 EL Sherry, Madeira oder Portwein (optional)
1 frisches Baguette
Olivenöl
Salz, Pfeffer

1. Die Zwiebeln halbieren und in feine Streifen schneiden. Den Knoblauch in dünne Scheiben schneiden. Die Petersilie fein hacken.

2. 2 EL Pflanzenfett in einem Topf erhitzen und Zwiebeln und Knoblauch mit leichter brauner Farbgebung dünsten. Mit Weißwein ablöschen und einköcheln lassen. Gemüsebrühe und Sherry hinzufügen und ca. 20 Minuten köcheln lassen.

3. Währenddessen das Baguette schräg in Scheiben schneiden, mit etwas Olivenöl beträufeln und im vorgeheizten Ofen ca. 12-15 Minuten knusprig backen.

4. Die Suppe mit Salz und Pfeffer abschmecken und zusammen mit dem Brot servieren. Die Petersilie erst ganz zum Schluss über die Suppe streuen.

FRANKREICH

ARTISCHOCKEN-CREMESUPPE

Soupe à l'artichaut

45 MINUTEN 3-4 PORTIONEN

- 1 große Zwiebel
- 250 g frischer Lauch
- 8-9 (ca. 450 g) frische große Artischockenherzen, geputzt und eingelegt in Zitronenwasser, alternativ aus Dose oder Glas
- 1-2 EL Pflanzenfett (bevorzugt Kokosfett)
- 2 EL Dinkelmehl
- 700-800 ml Gemüse- oder frischer Artischockenfond
- 2 Lorbeerblätter
- 2 Scheiben Nussbrot oder Brot nach Belieben
- 100 ml Pflanzensahne (Soja, Hafer, Reis, Kokos)
- 1 Handvoll frischer Kerbel
- 2-3 EL kalt gepresstes Olivenöl
- Salz, Pfeffer

1. Die Zwiebel und den Lauch in grobe Würfel schneiden. 7 Artischockenherzen in grobe Stücke und 2 in dünne Lamellen schneiden. Die Lamellen beiseitelegen.

2. Etwas Pflanzenfett in einem Topf erhitzen und Zwiebelstücke, Lauch und Artischockenstücke hinzufügen. 4-5 Minuten unter gelegentlichem Rühren dünsten. Mit Dinkelmehl bestäuben und gut umrühren. Mit Gemüsefond aufgießen, Lorbeerblätter und etwas Salz hinzugeben und etwa 20-30 Minuten leicht sieden lassen.

3. Währenddessen die Nussbrotscheiben in ca. 5 mm große Würfel schneiden. Eine kleine Bratpfanne erhitzen und die Artischockenlamellen in etwas Pflanzenfett goldbraun ausbacken. Auf einen Teller mit Küchenpapier legen und auskühlen lassen. Die Brotwürfel in derselben Pfanne mit etwas Pflanzenfett goldbraun ausbacken und mit etwas Meersalz bestreuen. Ebenfalls auf Küchenpapier legen.

4. Nach der Siedezeit zuerst die Loorbeerblätter aus dem Topf entfernen und danach alles mit einem Pürierstab mixen, bis die Suppe schön geschmeidig ist. Mit Salz und Pfeffer abschmecken und zum Schluss die Pflanzensahne hinzufügen. Nochmals gut umrühren. Falls die Suppe zu dick ist, etwas mehr Brühe oder Pflanzensahne nachgießen.

5. Die Suppe in einem tiefen Teller anrichten. Mit den ausgebackenen Artischockenlamellen sowie Brotcroûtons und Kerbel garnieren. Optional die Suppe mit etwas Olivenöl beträufeln.

Die klassischen Altstädte im gotischen Stil lassen einen in vergangenen Zeiten schwelgen.

Die rauen Küstenregionen der französischen Bretagne mit ihren malerischen Dörfern und Steinhäusern sind auf jeden Fall eine Reise wert. Für mich zeigt sich dort die gewaltige Kraft des Meeres am besten.

NIZZA-SALAT mit Kartoffeln

Salade niçoise

30 MINUTEN 3-4 PORTIONEN

300 g festkochende Kartoffeln
200 g grüne Stangenbohnen
12 Dattel- oder Kirschtomaten
1 große rote Zwiebel
1 Handvoll frische glatte Petersilie
½ Handvoll frisches Basilikum
3-4 EL Kapern
1 Handvoll schwarze Oliven, entsteint
5 EL Kräuteressig
8 EL Olivenöl
Meersalz, Pfeffer

1. Die Kartoffeln schälen, in grobe Stücke schneiden und in Salzwasser weich kochen. Abgießen und ausdampfen lassen.

2. Die Bohnen putzen und in Salzwasser 4–5 Minuten blanchieren, abgießen und mit kaltem Wasser gut auskühlen.

3. Die Tomaten halbieren. Die Zwiebel halbieren und in möglichst feine Streifen schneiden. Petersilie und Basilikum grob hacken.

4. Alles zusammen mit den restlichen Zutaten in ein Schüssel geben. Mit Salz und Pfeffer würzen und gut vermischen. Beispielsweise mit einem französischem Baguette servieren.

KLASSISCHER SPARGELSALAT

Salade d'asperges

FRANKREICH

25 MINUTEN 3-4 PORTIONEN

3-4 frische Artischockenböden (alternativ eingelegt in Öl)
1 Handvoll Pistazienkerne
1 EL Pflanzenfett (bevorzugt Kokosfett)
250 g weißer Spargel
250 g grüner Spargel
2 Schalotten
10-15 Kirschtomaten
½ Handvoll frischer Kerbel
½ Bund frischer Schnittlauch
1 TL Dijon-Senf
5-6 EL Kräuteressig
8-10 EL Raps- oder Olivenöl
1-2 TL Vollrohrzucker
1 Bio-Zitrone
Salz, Pfeffer

1. Die Artischocken putzen, die Artischockenböden halbieren und in Schnitze schneiden.

2. Die Pistazien in einer beschichteten Bratpfanne langsam rösten und danach auf einem Teller mit ein paar Stück Küchenrolle auskühlen lassen. In derselben Pfanne 1 EL Pflanzenfett erhitzen und die Artischockenschnitze goldbraun ausbacken. Auf einen Teller mit ein paar Stück Küchenrolle legen und auskühlen lassen.

3. Den weißen Spargel schälen und die Enden abschneiden. Vom grünen Spargel die Enden großzügig entfernen und nur die unteren Drittel mit einem Sparschäler schälen. Danach alle Stangen in Stücke schneiden. Einen Topf mit Wasser, etwas Salz und etwas Zucker zum Kochen bringen und den Spargel darin für 3-4 Minuten bissfest blanchieren. Abgießen und mit kaltem Wasser abschrecken oder in Eiswasser legen.

4. Die Schalotte in feine Würfel (Brunoise) schneiden. Die Tomaten vierteln. Die Kerbelblätter grob hacken und den Schnittlauch fein schneiden.

5. In einer kleinen Schüssel Senf, Kräuteressig, Öl und Vollrohrzucker gut vermischen. Die Zitrone mit warmem Wasser gut abspülen und die Schale der halben Zitrone in die Sauce raspeln. Mit Salz und Pfeffer würzen.

6. Alle Zutaten inklusive der Sauce in eine Schüssel geben und gut vermischen. Nochmals abschmecken und servieren.

SCHWARZWURZEL-MANDARINEN-SALAT

30 MINUTEN 3-4 PORTIONEN

700 g frische Schwarzwurzeln
1-2 EL Zitronensaft
plus mehr für die Sauce
2-3 Mandarinen, geschält
1 Handvoll Pekannüsse
100 g pflanzlicher Joghurt
(Soja, Hafer, Kokos, Mandel)
1 EL Agavendicksaft
½ TL Zimtpulver
Abrieb von ½ Bio-Zitrone
Abrieb von ½ Bio-Orange
Salz

1. Die Schwarzwurzeln schälen und in eine Schüssel mit Zitronensaftwasser geben, damit sie nicht braun werden. Die geschälten Schwarzwurzeln in 3 cm lange Stücke schneiden. Einen Topf mit Salzwasser zum Kochen bringen und die Schwarzwurzelstücke darin in 10–15 Minuten bissfest kochen.

2. Währenddessen die Mandarinenschnitze voneinander lösen und der Länge nach halbieren.

3. Joghurt, Agavendicksaft, Zimtpulver, Zitronen- und Orangenschale, etwas Zitronensaft und Salz in eine Schüssel geben und gut vermischen.

4. Die gekochten Schwarzwurzeln abgießen, in Eiswasser abkühlen lassen und wiederum abgießen. Mit den Mandarinen zur Sauce geben. Gut vermischen und 15 Minuten stehen lassen. Anrichten und mit den Pekannüssen garnieren.

AUBERGINENTATAR
mit Dinkeltoastbrot

ZUBEREITUNG 45 MINUTEN • GEHEN UND BACKEN 2 STUNDEN

4-5 PORTIONEN

Für das Toastbrot

25 g frische Hefe
450 g Urdinkelmehl
2-3 EL flüssiges Kokosfett oder Sonnenblumenöl
1 EL Vollrohrzucker, Ahornsirup oder Agavendicksaft
1 TL Salz
1 TL Sesamkörner
1 TL Mohnsamen

Für das Tatar

4 frische Auberginen
3 Schalotten
4 Essiggurken
3 EL Kapern
1 Handvoll frische Petersilie
1 Handvoll Pekannüsse
2-3 EL Ketchup (alternativ Tomatenmark plus 1 TL Agavendicksaft)
3-4 EL kalt gepresstes Olivenöl plus mehr zum Beträufeln
2 TL Paprikapulver, edelsüß
1 Prise Cayennepfeffer
Sprossen und Kapernäpfel zum Garnieren
Salz, Pfeffer

1. Für das Toastbrot die Hefe in einer Schüssel mit 1 EL Mehl und wenig lauwarmem Wasser klumpenlos mit den Fingern vermischen. Dinkelmehl, Kokosfett, Vollrohrzucker und das Salz in eine Schüssel geben. Langsam 200 ml lauwarmes Wasser hinzufügen und entweder mit der Teigmaschine oder von Hand einen geschmeidigen Teig kneten: mit der Maschine etwa 10 Minuten und von Hand so lange, bis der Teig schön geschmeidig ist. Abgedeckt etwa 45-60 Minuten bei Raumtemperatur gehen lassen.

2. Danach den Teig aus der Schüssel nehmen, nochmals kurz durchkneten, nach Wunsch formen und in eine gefettete oder mit Backpapier ausgelegte Brotbackform geben. Mit Sesam und Mohn bestreuen.

3. Noch mal 30 Minuten in der Form gehen lassen. Den Ofen auf 180 °C vorheizen und in 30-40 Minuten knusprig backen. Aus dem Ofen nehmen und auf einem Gitter auskühlen lassen.

4. Für das Tatar die Auberginen der Länge nach halbieren und auf ein mit Backpapier ausgelegtes Backblech legen. Mit einem Messer die Innenflächen der Auberginen kreuzweise einschneiden. Mit etwas Olivenöl und Meersalz beträufeln. Bei 200 °C im Ofen etwa 25-35 Minuten backen.

5. Währenddessen die Schalotten in feine Würfel (Brunoise) schneiden. Die Essiggurken ebenfalls in feine Würfel schneiden. Kapern und Petersilie fein hacken. Die Pekannüsse grob hacken. Alles in eine Schüssel geben.

6. Die gebackenen Auberginen aus dem Ofen nehmen und etwas ausdampfen lassen. Das Fruchtfleisch der noch warmen Auberginen mit einem Löffel auskratzen. Mit einem großen Messer möglichst fein hacken und auskühlen lassen. Zu den restlichen Zutaten in die Schüssel geben.

7. Ketchup, Olivenöl, Paprikapulver, Cayennepfeffer, Salz und Pfeffer hinzufügen und gut vermischen. Auf einem flachen Teller anrichten und mit Sprossen und Kapernäpfeln garnieren. Mit Olivenöl beträufeln. Das ausgekühlte Toastbrot anschneiden und zusammen mit dem Auberginentatar servieren.

Das Beste am Reisen durch Frankreich? Die täglich frischen Baguettes und Croissants in den traditionellen Bäckereien.

Das malerische Südfrankreich mit seiner Côte d'Azur bietet viel Abwechslung: Strände, tolle Wochenmärkte und jede Menge großartige kleine Städte und Dörfer, die nur darauf warten, entdeckt zu werden.

RATATOUILLE

30 MINUTEN **3-4 PORTIONEN**

2 rote Zwiebeln
3 Knoblauchzehen
2 rote Paprikaschoten
1 gelbe Paprikaschote
1 Aubergine
1 Zucchini
4-5 Thymianzweige
3-4 Majoranzweige
1 Handvoll frisches Basilikum
1-2 EL Pflanzenfett (bevorzugt Kokosfett)
2-3 EL Tomatenmark
100 ml Rotwein
ca. 200 ml Gemüsebrühe
1 EL Vollrohrzucker
Salz, Pfeffer
Kräuter und Olivenöl zum Garnieren

1. Zwiebeln und Knoblauch in kleine Würfel (Brunoise) schneiden. Die Paprikas in ca. 5 mm große Würfel schneiden, Aubergine und Zucchini ebenfalls. Thymian, Majoran und Basilikum fein hacken.

2. Das Pflanzenfett in einem Topf oder einer Wokpfanne erhitzen und die Zwiebeln und den Knoblauch darin glasig dünsten. Die Paprikawürfel hinzufügen und 3-4 Minuten mitdünsten. Danach Zucchini und Aubergine hinzufügen und ebenfalls einige Minuten mitdünsten.

3. Das Tomatenmark hinzufügen und 1 Minute unter Rühren mitdünsten. Mit Rotwein ablöschen, gut umrühren und einköcheln lassen. Mit Gemüsebrühe aufgießen und den Zucker zugeben. Unter gelegentlichem Rühren so lange köcheln lassen, bis alles eine schöne, leicht eingedickte Konsistenz hat.

4. Die Kräuter zum Schluss hinzufügen und mit Salz und Pfeffer würzen. Nochmals umrühren und servieren. Mit Kräutern garnieren und mit etwas Olivenöl beträufeln.

FRANKREICH

MEDITERRANES GEMÜSE mit Kräutervinaigrette, Rucola und Walnüssen

40–45 MINUTEN

3–4 PORTIONEN

Für das Gemüse
5 lange violette Auberginen der Sorte »Violetta Lunga« (ca. 600 g)
1 große Zucchini (klassisch oder rund)
2 Handvoll Rispentomaten
3 Oreganozweige
4 Thymianzweige
Olivenöl
grobes Meersalz, Pfeffer

Für die Vinaigrette
1 Schalotte
½ Handvoll Basilikum
½ Handvoll krause Petersilie
8 EL Balsamico bianco
10–12 EL Olivenöl
1 EL Vollrohrzucker
Salz, Pfeffer

1 Handvoll Walnusskerne
2 Handvoll Rucola, gewaschen

1. Für das Gemüse die Auberginen im Ganzen auf ein mit Backpapier belegtes Backblech legen und mit einer Gabel einige Male einstechen. Die Zucchini der Länge nach vierteln und in 4–5 cm lange Stücke schneiden. Ist die Zucchini rund, wird sie halbiert und in Schnitze geschnitten. Die Zucchinistücke zusammen mit den Rispentomaten mit auf das Blech geben.

2. Die Oreganoblätter grob hacken und mit den Thymianblättern über das Gemüse streuen. Mit Olivenöl beträufeln und mit Meersalz und Pfeffer aus der Mühle bestreuen. Gut mit den Händen vermischen und im Ofen beim 180 °C (Umluft) ca. 25–35 Minuten backen.

3. Für die Vinaigrette währenddessen die Schalotte in feine Würfel (Brunoise) schneiden. Basilikumblätter und Petersilie fein hacken. Zusammen mit Balsamico, Olivenöl, Zucker, Salz und Pfeffer in einer kleinen Schüssel vermischen.

4. Die Walnusskerne in einer Bratpfanne oder im Ofen leicht rösten und auf einem Teller mit ein paar Stück Küchenrolle auskühlen lassen.

5. Das Gemüse aus dem Ofen nehmen und auf einem Teller anrichten. Den Rucola separat oder auf dem gleichen Teller anrichten. Die Vinaigrette über Gemüse und Rucola geben und mit den Walnüssen garnieren.

ELSÄSSER FLAMMKUCHEN

Tarte flambée / Flammekueche

75 MINUTEN

2-3 PORTIONEN

Für den Teig
250 g Urdinkelmehl
3 EL Oliven- oder Pflanzenöl
½ TL Salz
120 ml lauwarmes Wasser

Für den Belag
150 g Cashewkerne
2 rote Zwiebeln
2 Frühlingszwiebeln
½ Handvoll krause Petersilie
1 Knoblauchzehe
150 g Cashew- oder andere pflanzliche Milch
etwas frischer Zitronensaft
2 EL Kräuteressig
Salz, Pfeffer

1. Die Cashewkerne 15–30 Minuten in lauwarmes Wasser legen.

2. Für den Teig Dinkelmehl, Olivenöl und Salz in eine Schüssel geben. Langsam ca. 120 ml lauwarmes Wasser hinzufügen und alles entweder mit der Teigmaschine oder von Hand kneten. Mit der Maschine dauert das 5–10 Minuten, von Hand so lange, bis der Teig schön geschmeidig ist. Etwa 20 Minuten abgedeckt bei Raumtemperatur ruhen lassen.

3. Danach den Teig aus der Schüssel nehmen und nochmals kurz durchkneten. Etwa 3 mm dick ausrollen und auf ein mit Backpapier ausgelegtes Backblech legen.

4. Für den Belag die Zwiebeln in dünne Ringe und die Frühlingszwiebeln in feine Streifen schneiden. Die Petersilie fein hacken.

5. Die Cashewkerne abgießen und gemeinsam mit Knoblauchzehe, pflanzlicher Milch, Zitronensaft, Essig und etwas Salz und Pfeffer in einen Mixer geben und so lange mixen, bis eine leicht dickliche Masse entstanden ist. Je nach Bedarf etwas mehr Nüsse oder Wasser hinzufügen.

6. Die Cashewcreme auf dem ausgerollten Teig gleichmäßig verstreichen. Zwiebelringe und Frühlingszwiebeln ebenfalls gleichmäßig verteilen, beides mit der Hand ganz leicht in die Cashewcreme drücken. Bei 200 °C ca. 15–20 Minuten schön kross backen.

7. Vor dem Servieren mit der frischen Petersilie bestreuen. Mit etwas Meersalz und Pfeffer würzen.

Tipp: Statt Cashewcreme vegane Crème fraîche verwenden.

ZWIEBELKUCHEN NACH NIZZA-ART

ZUBEREITUNG 45 MINUTEN • GESAMT 2 STUNDEN

1 GROSSES BACKBLECH

Für den Teig
20 g frische Hefe
300 g Urdinkelmehl
2 EL Olivenöl
1 EL Vollrohrzucker oder Agavendicksaft
½ TL Salz

Für den Belag
600 g Zwiebeln
5 Knoblauchzehen
2–3 EL Pflanzenfett (bevorzugt Kokosfett)
2 Lorbeerblätter
15–20 schwarze Oliven, entsteint
3 EL Kapern
Meersalz, Pfeffer

1. Für den Teig die Hefe mit 1 EL Mehl und etwas lauwarmem Wasser in einer Schüssel mit den Fingern klumpenfrei verkneten. Dinkelmehl, Buchweizenmehl, Olivenöl, Vollrohrzucker und das Salz dazugeben.

2. Langsam ca. 100 ml lauwarmes Wasser hinzufügen und entweder mit der Teigmaschine oder von Hand zu einem geschmeidigen Teig kneten (mit der Maschine etwa 10 Minuten, von Hand so lange, bis der Teig schön elastisch ist). Abgedeckt etwa 45–60 Minuten bei Raumtemperatur gehen lassen.

3. Danach den Teig aus der Schüssel nehmen, nochmals kurz durchkneten. Etwa 3 mm dick ausrollen und auf ein Blech mit Backpapier legen.

4. Für den Belag die Zwiebeln halbieren und in feine Streifen schneiden. Die Knoblauchzehen in dünne Scheiben schneiden.

5. Das Pflanzenfett in einem Topf erhitzen und Zwiebel, Knoblauch und Lorbeerblätter hinzufügen. Für 7–8 Minuten dünsten, dabei die Zwiebeln leicht Farbe annehmen lassen. Gelegentlich umrühren. Zum Schluss leicht mit Salz und Pfeffer würzen.

6. Die Zwiebeln gleichmäßig auf dem Teig verteilen und mit Oliven und Kapern belegen. Im Ofen bei 180 °C ca. 20 Minuten backen, bis der Teigrand braun und knusprig ist. Nach Belieben mit Meersalz und schwarzem Pfeffer würzen.

Tipp: 100 g des Urdinkelmehls durch Buchweizenmehl ersetzen.

SCHOKOLADENTARTE

Tarte au chocolat

45 MINUTEN **1 TARTEFORM (Ø CA. 30 CM)**

150 g Zartbitterschokolade (mind. 70 % Kakaoanteil)
70–80 g Kokosfett
350 ml Hafermilch
ca. 80 g Vollrohrzucker
250 g gemahlene Mandeln
120 g Dinkelmehl, gesiebt
1½ TL Backpulver
½ TL Natron (optional)
50 g Kakaopulver, gesiebt plus mehr zum Bestäuben
½ EL Zimtpulver
1 Prise Salz
etwas frisches Vanillemark (optional)
frische Himbeeren

1. Eine runde Backform (Springform oder Tarteform) mit Backpapier auslegen oder gut einfetten.

2. Schokolade, Kokosfett, Hafermilch und Zucker in einem Topf erwärmen und mit einem Schneebesen gut vermischen, bis die Schokolade vollständig geschmolzen ist.

3. In einer Schüssel Mandeln, Dinkelmehl, Backpulver, Natron, Kakaopulver, Zimt, Salz und Vanillemark vermischen. Die Flüssigkeit hinzufügen und mit einem Schneebesen alles gut vermischen. Die Masse in die Backform geben und bei 180 °C (Umluft) im vorgeheizten Ofen ca. 20–25 Minuten backen.

4. Aus dem Ofen nehmen, auskühlen lassen und danach aus der Form auf einen Teller heben. Mit Kakaopulver bestreuen und mit frischen Himbeeren garnieren.

Die mediterrane Küche

DIE ERFINDUNG DES MITTELMEER-RAUMS

Eigentlich gibt es keine wirkliche Mittelmeerküche. Das Mittelmeer ist groß und reicht von Spanien bis nach Ägypten oder Syrien. Den Gedanken, die Gemeinsamkeiten des Mittelmeerraums aufzuzeigen, hatte erstmals die Kochbuchautorin Elizabeth David. Sie vereinte die Gemeinsamkeiten aller Länder, die ans Mittelmeer grenzten, und die Idee einer mediterranen Küche war geboren.

Reich an Oliven und Olivenöl, abwechslungsreiche Getreidesorten und schmackhafte Weine – das sind die drei Hauptmerkmale, die die allermeisten Länder gemeinsam haben. Die Verwendung von Gemüse und Kräutern hängt wiederum stark von den jeweiligen Regionen ab. Die Griechen verwenden Paprika und Zucchini, Beeren oder Feigen anders als beispielsweise die Spanier. In diesem Buch habe ich also die mediterrane Küche vielmehr anhand des Kochstils und der Verwendung von Gemüse und Früchten sowie deren Zubereitungsarten definiert als anhand ihrer genauen geografischen Lage. Portugal etwa grenzt ja nicht wirklich ans Mittelmeer, dennoch ist die Kochkultur stark von Spanien und dem Mittelmeerraum geprägt.

ANTIPASTI-PLATTE mit Dinkelgrissini und Zitronenvinaigrette

ZUBEREITUNG 40 MINUTEN • GEHEN 40-55 MINUTEN

3-4 PORTIONEN

Für die Grissini
20 g frische Hefe
180 g Urdinkelmehl
100 g Buchweizenmehl oder Weizenmehl
2-3 EL Olivenöl
1 EL getrockneter Thymian
½ TL Salz

Für die Antipasti
1 rote Paprikaschote
1 gelbe Paprikaschote
1-2 Auberginen
1 große Zucchini
Pflanzenfett (bevorzugt Kokosfett)
1 Schalotte
½ Handvoll frisches Basilikum
6-7 EL Olivenöl
4-5 EL Balsamico Bianco
1 EL Agavendicksaft
½ Bio-Zitrone (Schale und 2 EL Saft)
Meersalz, Pfeffer

1. Für die Grissini die Hefe in einer Schüssel mit 1 EL Mehl und wenig lauwarmem Wasser klumpenfrei mit den Fingern vermischen. Dinkelmehl, Buchweizenmehl, Olivenöl, Thymian und Salz hinzufügen. Langsam 100-200 ml lauwarmes Wasser hinzugießen und entweder mit der Teigmaschine oder von Hand einen Teig kneten (mit der Maschine etwa 5-10 Minuten, von Hand so lange, bis der Teig schön geschmeidig ist). Abgedeckt etwa 30-45 Minuten bei Raumtemperatur gehen lassen.

2. Danach den Teig aus der Schüssel nehmen und auf eine mit Mehl bestäubte Arbeitsfläche legen. Mit dem Messer oder einer Teigkarte ca. fingergroße Stücke abschneiden und mit den Händen etwa 5-7 mm dicke lange Stangen formen. Auf ein Blech mit Backpapier legen und mit etwas Meersalz bestreuen. Nochmals etwa 10 Minuten gehen lassen.

3. Den Ofen auf 200 g vorheizen und die Grissini ca. 10-15 Minuten knusprig backen. Auf einem Gitter auskühlen lassen.

4. Für die Antipasti die Paprikaschoten vom Kerngehäuse befreien und in je 4-6 Stücke schneiden. Auberginen und Zucchini in 5 mm dicke Scheiben schneiden.

5. Das Pflanzenfett in einer Bratpfanne erhitzen und das Gemüse auf beiden Seiten mit Farbgebung anbraten und leicht salzen. Heiß in eine große Schüssel geben und zugedeckt auskühlen lassen, damit das Gemüse noch etwas nachgaren kann.

6. Währenddessen die Schalotten in feine Würfel (Brunoise) schneiden und in eine kleine Schüssel geben. Die Basilikumblätter fein hacken. Olivenöl, Balsamico, Agavendicksaft, geriebene Zitronenschale und -saft hinzufügen und mit Salz und Pfeffer würzen.

7. Das Gemüse nach Belieben auf einer großen Platte anrichten und die Vinaigrette darüberträufeln. Leicht mit Meersalz und grobem Pfeffer würzen und zusammen mit den Grissini servieren.

TOSKANISCHER BAUERNSALAT

Panzanella

30 MINUTEN

3-4 PORTIONEN

- 1 Handvoll Pinienkerne (ca. 60 g)
- ca. 5 Scheiben Urdinkelbrot (oder Brot nach Belieben/ Brot vom Vortag)
- 1-2 EL Pflanzenfett (bevorzugt Kokosfett)
- 500 g saisonale kleine Tomaten (2 Handvoll)
- 1 große rote Zwiebel
- 1 Gurke (ca. 100 g)
- 1 Handvoll frisches Basilikum
- ca. 15 Kapernäpfel
- 5-6 EL gereifter dunkler Aceto Balsamico
- 7-8 EL kalt gepresstes Olivenöl plus mehr zum Beträufeln
- Meersalz, Pfeffer

1. Die Pinienkerne in einer Bratpfanne goldbraun rösten. Währenddessen die Brotscheiben in grobe Würfel schneiden. Die Pinienkerne auf ein Küchenpapier geben und auskühlen lassen.

2. In derselben Pfanne das Kokosfett erhitzen und die Brotwürfel unter regelmäßigem Schwenken goldbraun anbraten. Kurz vor Schluss mit etwas Olivenöl beträufeln und mit Meersalz bestreuen und nochmals schwenken. Ebenfalls auf Küchenpapier geben und auskühlen lassen.

3. Die Tomaten halbieren. Die Zwiebel halbieren und in feine Streifen schneiden. Die Gurke der Länge nach sechsteln und in grobe Stücke schneiden. Einige Basilikumblätter zum Garnieren beiseitelegen, den Rest grob hacken. Die Kapernäpfel vom Stiel befreien und halbieren. Alles (außer Brot und Pinienkerne) in eine Schüssel geben und Balsamico und Olivenöl hinzufügen. Mit Salz und Pfeffer würzen und gut vermischen.

4. Kurz vor dem Servieren die gebackenen Brotwürfel und zwei Drittel der Pinienkerne hinzufügen. Nochmals gut umrühren und servieren. Mit Pinienkernen und frischem Basilikum garnieren.

ROHER ZUCCHINISALAT
mit getrockneten Tomaten

20 MINUTEN **3-4 PORTIONEN**

2 Handvoll Mandelsplitter
2 Zucchini
ca. 10 in Öl eingelegte getrocknete Tomaten
1 Handvoll Basilikum
4-5 EL Balsamico bianco
6-7 EL Olivenöl
1 EL milder Senf
2 Knoblauchzehen
Meersalz, Pfeffer

1. Die Mandelsplitter in einer Bratpfanne goldbraun rösten. Auf einem Teller mit etwas Küchenpapier auskühlen lassen.

2. Die Zucchini in etwa 5-6 cm lange Stücke schneiden. Diese Stücke der Länge nach in ca. 2 mm breite Scheiben und diese in dünne Stäbchen schneiden oder mit der Mandoline oder dem Reibeisen hobeln. Die Zucchinistäbchen in eine Schüssel geben.

3. Die getrockneten Tomaten in dünne Streifen schneiden.

4. Die Basilikumblätter grob hacken und hinzufügen. Balsamico, Olivenöl, Senf, gepressten Knoblauch sowie die gerösteten Mandelsplitter hinzufügen, mit Salz und Pfeffer würzen und gut vermischen.

4\. Den Salat vor dem Servieren 10-15 Minuten stehen lassen und gelegentlich umrühren. Dann ausgarnieren und servieren.

Die Küsten Liguriens mit ihren an den Hängen gelegenen Dörfern bieten eine perfekte Mischung aus Dolce Vita, Natur, Meer und grandiosem Kaffee.

orangeria
orangeria

SARDISCHE TOMATENPASTA

Fregola sarda tostata al pomodoro

30-40 MINUTEN **3-4 PORTIONEN**

1 Handvoll Pinien- oder Zedernkerne
1 große Zwiebel
2 Knoblauchzehe
2 Handvoll Kirschtomaten
1 mittelscharfe Chilischote
Pflanzenfett (bevorzugt Kokosfett)
250 g Fregola
1½ EL Tomatenmark
150 ml Rotwein
2 Lorbeerblätter
600-700 ml Gemüsebrühe
1 Handvoll Basilikum
Salz, Pfeffer

1. In einer Bratpfanne die Pinienkerne goldbraun rösten und auf einem Teller mit ein paar Stück Küchenrolle auskühlen lassen.

2. Zwiebel und Knoblauch fein würfeln. Die Tomaten halbieren. Die Chili der Länge nach halbieren und die Kerne mit einem Löffel auskratzen.

3. In einem Topf 1 EL Pflanzenfett erhitzen. Zwiebel und Knoblauch darin glasig dünsten. Die ungekochte Fregola hinzufügen und für 2 Minuten unter ständigem Rühren mitdünsten.

4. Das Tomatenmark hinzufügen und kurz mitdünsten. Mit Rotwein ablöschen und kurz einköcheln lassen. Lorbeerblätter und Chilihälften hinzufügen. Nach und nach, wie bei einem Risotto, mit Brühe aufgießen und unter gelegentlichem Rühren so langen köcheln, bis die Fregola gar sind.

5. Währenddessen die Basilikumblätter grob hacken. Kurz vor dem Ende der Kochzeit die halbierten Tomaten hinzufügen und mitkochen lassen. Mit Salz und Pfeffer würzen und das Basilikum dazugeben. Nochmals gut vermischen und servieren. Die Pinienkerne als Garnitur darüberstreuen.

SIZILIANISCHES SCHMORGEMÜSE mit Pappardelle

Caponata

45 MINUTEN

3-4 PORTIONEN

2 Zwiebeln
3 Knoblauchzehen
1 Aubergine
1 Zucchini
1 rote Paprikaschote
2 festkochende Kartoffeln, geschält
1 Stange Staudensellerie
4 Tomaten
1 Handvoll frisches Basilikum
Pflanzenfett (bevorzugt Kokosfett)
3 EL Tomatenmark
50 ml Balsamico Bianco
600–700 ml Gemüsebrühe
2–3 EL Kapern
2 EL Vollrohrzucker
300 g Pappardelle
1 Handvoll schwarze Oliven
Olivenöl
Salz, Pfeffer

1. Die Zwiebeln halbieren und in Würfel (ca. 1 cm) schneiden. Die Knoblauchzehen in Scheiben schneiden. Aubergine, Zucchini, Paprika und Kartoffeln in Würfel (ca. 1 cm) schneiden. Die Selleriestange schräg in feine Streifen schneiden. Die Tomaten halbieren, den Strunk entfernen und das Fleisch in grobe Würfel schneiden. Die Basilikumblätter fein hacken und beiseitelegen.

2. In einem Topf 2 EL Pflanzenfett erhitzen und die Zwiebeln gemeinsam mit dem Knoblauch glasig dünsten. Die Paprika- und Zucchiniwürfel hinzufügen und 3–4 Minuten mitdünsten. Die Selleriestreifen hinzufügen und 2–3 Minuten mitdünsten. Auberginen- und Kartoffelwürfel hinzufügen und 1–2 Minuten mitdünsten. Das Tomatenmark dazugeben und gut vermischen. 1–2 Minuten unter Rühren rösten. Mit dem Balsamicoessig ablöschen und kurz einköcheln lassen.

3. Die Tomatenwürfel hinzufügen und gut untermischen. Mit 600 ml Gemüsebrühe aufgießen, Kapern und Zucker hinzufügen und mit Salz und Pfeffer etwas würzen. Zugedeckt bei schwacher Hitze 20–30 Minuten leicht köcheln lassen. Gelegentlich umrühren und bei Bedarf etwas Brühe nachgießen.

4. Währenddessen in einem Topf etwas Wasser für die Pasta aufkochen. Kurz bevor die Caponata fertig ist, die Pappardelle in das leicht gesalzene Wasser geben und nach Packungsanweisung al dente kochen.

5. Oliven und Basilikum erst zum Schluss unter die Caponata mischen und bei Bedarf nochmals mit Salz und Pfeffer abschmecken.

6. Die Pasta abgießen, mit etwas Olivenöl beträufeln und mit der Caponata servieren.

POLENTA BRAMATA
mit Paprika nach Kalabrischer Art

40 MINUTEN 3-4 PORTIONEN

- 1 Zwiebel
- 2 Knoblauchzehen
- Pflanzenfett (bevorzugt Kokosfett)
- 200 g Polenta Bramata (grobkörniger Maisgrieß)
- 1 l Gemüsebrühe
- 4-5 Thymianzweige
- 4 rote Paprikaschoten
- 2-3 Oreganozweige
- 1 kleine scharfe Chilischote
- 2 EL Pinienkerne
- 2-3 EL Paniermehl
- 4 EL Kapern
- 2 EL Hefeflocken (optional)
- Salz, Pfeffer

1. Die Zwiebel in kleine Würfel, den Knoblauch in feine Scheiben schneiden. Beides in einem Topf mit 1 EL Pflanzenfett glasig dünsten.

2. Die Polenta hinzufügen und 1 Minute unter Rühren mitdünsten. Mit Gemüsebrühe aufgießen, etwas salzen, Thymian- und Oreganozweige hinzufügen, vermischen und aufkochen. Auf kleiner Stufe so lange kochen, bis der Maisgrieß gar ist. Gelegentlich umrühren und, wenn nötig, mit mehr Gemüsebrühe aufgießen. Aufpassen, dass die Polenta nicht am Boden anbrennt!

3. Währenddessen die Paprika in 5 cm große Stücke schneiden. Die Chilischote mithilfe eines Löffels entkernen und in dünne Streifen schneiden.

4. Eine Bratpfanne erhitzen und die Pinienkerne goldbraun rösten. Auf einen Teller mit Küchenpapier geben und auskühlen lassen.

5. 1 EL Pflanzenfett in derselben Pfanne erhitzen. Die Paprika mit leichter Farbgebung braten, dann die Chilistreifen hinzufügen. Nach ein paar Minuten vom Herd ziehen und zugedeckt 15 Minuten stehen lassen. Danach nochmals erhitzen und Paniermehl und Kapern hinzufügen und ein- bis zweimal schwenken. Optional die Hefeflocken hinzufügen, mit Salz und Pfeffer würzen und nochmals gut vermischen.

6. Die Die Thymian- und Oreganozweige entfernen und die Polenta auf dem Paprikagemüse anrichten.

Italien hat natürlich noch viel mehr zu bieten als nur Pizza, Pasta, Sonne und Kaffee. Die Südtiroler Alpen sind eine tolle Mischung aus italienischem und mitteleuropäischem Lebensstil.

MANDELSUPPE

50 MINUTEN **3-4 PORTIONEN**

150 g gehobelte Mandeln
100-120 g Dinkelbrot oder Brot vom Vortag
2 Knoblauchzehen
1 rote Paprikaschote
Pflanzenfett (bevorzugt Kokosfett)
ca. 1 l Gemüsebrühe
1 Beutel gemahlener Safran (ca. 0,15 g)
Salz, Pfeffer

1. Die Mandeln in einer Bratpfanne goldbraun rösten. Auf einem Teller mit ein paar Stück Küchenrolle auskühlen lassen.

2. Das Brot in grobe Würfel schneiden. Knoblauch in Scheiben, Paprika in grobe Würfel schneiden.

3. Etwa 2 EL Pflanzenfett in einem Topf erhitzen und die Brotwürfel darin knusprig rösten. Knoblauch und Paprika hinzufügen und kurz mitrösten. 90 % der gerösteten Mandeln hinzufügen, kurz umrühren und mit der Gemüsebrühe aufgießen. Safran dazugeben, umrühren und aufkochen lassen. Auf kleiner Stufe ca. 20 Minuten köcheln lassen.

4. Anschließend mit einem Stabmixer die Suppe ganz fein pürieren und mit Salz und Pfeffer abschmecken. Servieren und mit den restlichen Mandeln garnieren.

SCHARFE MÖHRENSUPPE mit Federkohlchips

45 MINUTEN 3-4 PORTIONEN

ca. 150 g Grünkohlblätter
800 g Karotten
2 Zwiebeln
2 Knoblauchzehen
1-2 kleine Chilischoten
1 EL Pflanzenfett (bevorzugt Kokosfett)
1 EL Dinkelmehl
100 ml Weißwein
800-900 ml Gemüsebrühe
Olivenöl
Meersalz
Cayennepfeffer

1. Die Kohlblätter von den großen Stielen befreien und gut waschen. Abtropfen oder in einer Salatschleuder trocken schleudern. Den Ofen auf 120 °C vorheizen.

2. Die Blätter auf ein mit Backpapier belegtes Blech legen. Etwas Olivenöl über die Blätter träufeln, mit Salz und wenig Cayennepfeffer bestreuen. Vorsichtig mit den Händen einreiben und 15–20 Minuten im Ofen backen. Immer wieder die Ofentür öffnen, damit Feuchtigkeit entweichen kann. Außerdem nach etwa 10 Minuten einmal die Blätter mit einer Zange etwas neu verteilen.

3. Währenddessen die Karotten schälen und in grobe Würfel schneiden. Die Zwiebeln und den Knoblauch ebenfalls in grobe Würfel schneiden. Die Chili längs halbieren, entkernen (mit dem Messerrücken oder einem Teelöffel) und in kleine Würfel schneiden.

4. Das Pflanzenfett in einem Topf erhitzen und Zwiebeln und Knoblauch glasig dünsten. Karotte und Chili hinzufügen und mitdünsten. Mit dem Mehl bestreuen und kurz umrühren.

5. Mit dem Weißwein ablöschen und kurz einköcheln lassen. Dann mit der Brühe aufgießen und so lange köcheln lassen, bis die Karottenwürfel schön weich sind.

6. Sobald die Kohlchips schön knusprig sind, aus dem Ofen nehmen und auskühlen lassen.

7. Die Suppe vom Herd nehmen und mit einem Stabmixer fein pürieren. Bei Bedarf etwas mehr Brühe hinzufügen. Die Suppe soll eine leicht dicke Konsistenz haben. Mit Salz und Pfeffer würzen. Mit den Chips garnieren und servieren.

SPANIEN

ANDALUSISCHER REISSALAT

40 MINUTEN 3-4 PORTIONEN

175 g Langkornreis, parboiled
5-6 Safranfäden
100 g Kirsch- oder kleine Rispentomaten
1 rote Paprikaschote
½ Gurke (60-100 g)
2 Frühlingszwiebeln
1 Handvoll krause Petersilie
6-7 EL Rotweinessig
8 EL kalt gepresstes Olivenöl
1 Knoblauchzehe
Meersalz, Pfeffer
spanische Oliven als Beilage

1. Den Reis kurz mit kaltem Wasser abspülen und abtropfen lassen. Wasser in einem Topf zum Kochen bringen und leicht salzen. Reis und Safran hinzufügen und nach Packungsangabe köcheln lassen.

2. Währenddessen die Tomaten halbieren und die Paprika in 3 cm lange dünne Streifen schneiden. Die Gurke längs vierteln und in dünne Scheiben schneiden. Die Frühlingszwiebeln halbieren, putzen und leicht schräg in feine Streifen schneiden. Alles in eine Schüssel geben.

3. Die Petersilie ohne Stiel fein hacken (einige Blätter zum Garnieren beiseitelegen) und in eine kleine Schüssel geben. Essig und Öl hinzufügen und mit Salz und Pfeffer würzen. Die Knoblauchzehe durch eine Knoblauchpresse pressen und hinzufügen. Gut vermischen.

4. Den fertig gegarten Reis abgießen, abtropfen, kurz abspülen und abkühlen lassen. Alle Zutaten vermischen und nach Belieben nochmals abschmecken. Nach Bedarf mehr Essig oder Öl hinzufügen.

5. Auf einem Teller anrichten, mit etwas Petersilie garnieren und spanische Oliven dazu servieren.

In den kleinen Nebengassen, abseits vom Massentourismus, findet man meist die coolsten und hippsten Läden mit lokalen Produkten.

Wenn ich nicht irgendwo in der freien Natur campe, dann suche ich mir am liebsten Bauernhöfe wie hier in Spanien an der Costa Brava, die Reisende mit Wohnmobilen herzlich willkommen heißen. Das empfinde ich als viel persönlicher als die oft überlaufenen Campingplätze.

GEBACKENE KARTOFFELN mit zweierlei Saucen

Patatas Bravas

50-60 MINUTEN 3-4 PORTIONEN

700 g festkochende Kartoffeln
2-3 EL Pflanzenfett (bevorzugt Kokosfett)
1 TL Backpulver
1 gestrichener TL Maisstärke
Meersalz

Für die rote Salsa
2 Zwiebeln
2 Knoblauchzehen
4-5 reife Tomaten
1 kleine Chilischote
Pflanzenfett (bevorzugt Kokosfett)
2 EL Tomatenmark
3 EL Weißweinessig
200 ml Gemüsebrühe oder Wasser
2 EL Vollrohrzucker
½ TL Kreuzkümmel
Salz, Pfeffer

Für die grüne Salsa
1 grüne Paprikaschote
1 Knoblauchzehe
1 Handvoll Petersilie
5 EL Rotweinessig
7 EL Olivenöl
Salz, Pfeffer

1. Die Kartoffeln schälen und in mundgerechte Würfel schneiden. In einen Topf mit Wasser geben, leicht salzen und das Wasser aufkochen. Die Kartoffeln 10 Minuten kochen lassen und abgießen. Ausdampfen lassen und in eine Schüssel geben.

2. 2-3 EL Kokosfett, Backpulver, Stärke und etwas Salz dazugeben und gut vermischen. Auf einem Blech mit Backpapier verteilen und bei 210 °C 20-25 Minuten knusprig backen. Nach 10 Minuten die Kartoffeln wenden.

3. Für die rote Salsa Zwiebeln und Knoblauch in kleine Würfel schneiden. Die Tomaten vierteln, entkernen und in grobe Stücke schneiden. Die Chili halbieren, entkernen und in Stücke schneiden.

4. 1 EL Pflanzenfett in einer Pfanne erhitzen und Zwiebeln und Knoblauch darin dünsten. Tomaten und Kreuzkümmel hinzufügen und kurz mitdünsten. Tomatenmark hinzugeben und nochmals mitdünsten. Mit Essig ablöschen und mit Brühe oder Wasser aufgießen. Den Zucker hinzufügen, mit Salz und Pfeffer würzen und bei schwacher Hitze 15-20 Minuten köcheln lassen. Am Schluss mit einem Stabmixer pürieren und nochmals abschmecken. Auskühlen lassen und servieren.

5. Für die grüne Salsa die Paprika in grobe Stücke schneiden und zusammen mit den restlichen Zutaten außer dem Olivenöl in einen Mixer geben. Mixen, bis eine feine Salsa entsteht. Nun das Olivenöl hinzufügen, noch mal kurz mixen und mit Salz und Pfeffer würzen. Vor dem Servieren nochmals gut umrühren.

6. Die Kartoffeln mit den beiden Saucen als Vorspeise oder Beilage servieren.

PIKANT GEWÜRZTE BRATPAPRIKA

Pimientos de Padrón

10 MINUTEN 3-4 PORTIONEN

1 mittelgroße Chilischote
1 EL Pflanzenfett
(bevorzugt Kokosfett)
400 g Pimientos de Padrón
2-3 Rosmarinzweige
1 TL ganzer Kreuzkümmel
Schale von ½ Bio-Zitrone
grobes Meersalz, Pfeffer

1. Die Chilischote schräg in Scheiben schneiden.

2. In einer Bratpfanne das Pflanzenfett erhitzen. Die Pimientos in die Pfanne geben und auf allen Seiten unter gelegentlichem Rühren scharf anbraten. Nach 2 Minuten Chili, Rosmarin und Kreuzkümmel hinzufügen. So lange braten, bis die Pimientos schön knusprig aussehen und leicht zerfallen.

3. Zum Schluss die Zitronenschale sowie etwas Meersalz und Pfeffer hinzufügen. Nochmals schwenken und als Snack, Apéro oder kleine Vorspeise servieren.

SPANIEN

OLIVENKÜCHLEIN mit Orangen-Dattel-Salat

Tortas de Aceite

60 MINUTEN

3-4 PORTIONEN

Für die Küchlein
400 g Dinkelmehl
2 TL Anissamen, zerdrückt
100 ml kalt gepresstes Olivenöl
10 g Trockenhefe
50-70 g Vollrohrzucker
½ TL Salz
50 g Sesam
1 Bio-Orange
etwas Rohrohrzucker

Für den Fruchtsalat
1 Handvoll Mandelsplitter
2 weitere Orangen
4 Datteln, entsteint
1-2 EL Orangenlikör (optional)

1. Für die Küchlein Dinkelmehl, Anis, Olivenöl, Hefe, Zucker, Salz, Sesam, fein geriebene Orangenschale und 100-200 ml Wasser in eine Schüssel geben und zu einem Teig verarbeiten. Der Teig sollte nicht mehr an den Fingern kleben, darf aber noch etwas feucht sein. Abgedeckt ca. 30 Minuten gehen lassen.

2. Nun aus dem Teig mittelgroße Kugeln formen und diese im Rohrohrzucker wälzen. Danach ca. 3 mm dick ausrollen oder einfach flach drücken. Auf ein Blech mit Backpapier legen. Die flach gedrückten Olivenküchlein bei 220 °C (Umluft) in ungefähr 8-10 Minuten knusprig goldbraun backen – Achtung, die Backzeit kann variieren! Aus dem Ofen nehmen und auf einem Gitter auskühlen lassen.

3. Für den Fruchtsalat währenddessen die Mandelsplitter in einer beschichteten Pfanne goldbraun rösten. Auf einem Teller mit ein paar Stück Küchenrolle auskühlen lassen.

4. Alle drei Orangen schälen, filetieren und in eine Schüssel geben. Den Saft auspressen und hinzufügen. Die Datteln in feine Streifen schneiden und hinzugeben. Den Orangenlikör und die Mandelsplitter hinzugeben, alles gut vermischen und gemeinsam mit den Tortas de Aceite servieren.

Nach den rauen Küsten der Bretagne und des Baskenlandes waren die Strände Tarragonas eine Oase der Erholung. Viel Sonne und Wärme – auch im Oktober.

GRÜNE KOHLSUPPE

Caldo Verde

45 MINUTEN   3-4 PORTIONEN

3 mittelgroße Zwiebeln
3 Knoblauchzehen
600 g mehligkochende Kartoffeln
100-150 g Grünkohlblätter (ohne Stiel)
2-3 Perretitomaten
150 g Räuchertofu
½ Handvoll Koriander
Pflanzenfett (bevorzugt Kokosfett)
3 Lorbeerblätter
2 Nelken
Muskatnuss
ca. 1 l Gemüsebrühe
Salz, Pfeffer
Olivenöl

1. Zwei der drei Zwiebeln in grobe Würfel, eine in kleine Würfel schneiden. Zwei der drei Knoblauchzehen mit dem Messer zerdrücken, die übrige in kleine Würfel schneiden. Die Kartoffeln schälen und in grobe Stücke, den Grünkohl in feine Streifen schneiden. Die Tomaten vierteln und entkernen und in 4 mm große Würfel schneiden. Den Räuchertofu ebenfalls in ca. 4 mm große Würfel schneiden. Die Korianderblätter grob hacken.

2. Das Pflanzenfett in einem Topf erhitzen und die groben Zwiebelwürfel darin glasig dünsten. Kartoffeln, Lorbeerblätter, Nelken, die zwei zerdrückten Knoblauchzehen und etwas Muskat hinzufügen und mit Gemüsebrühe aufgießen. So lange köcheln lassen, bis die Kartoffeln weich sind.

3. Nun Lorbeerblätter und Nelken entfernen und die Suppe mit einem Stabmixer pürieren. Wenn sie zu dick ist, etwas Brühe nachgießen. Nochmals aufkochen und den Kohl hinzufügen. Weitere 15 Minuten zugedeckt auf Stufe 1 auf dem Herd lassen. Anschließend mit Salz und Pfeffer abschmecken.

4. Während die Suppe zieht, den Tofu in einer Bratpfanne mit Kokosfett scharf anbraten. Zwiebel- und Knoblauchwürfel hinzufügen und mitbraten. Die Tomatenwürfel hinzufügen und mitbraten. Mit Salz und Pfeffer würzen und den gehackten Koriander hinzufügen. Umrühren und vom Herd nehmen.

5. Die Suppe nochmals kurz erhitzen und in einem tiefen Teller anrichten. Die Tofu-Tomaten-Einlage dazu servieren. Zum Schluss die Suppe mit Olivenöl beträufeln.

PORTUGAL

STEINSUPPE AUS ALMEIRIM

Sopa de Pedra

60 MINUTEN **2 PORTIONEN**

80 g getrocknete Kidneybohnen
1 Zwiebel
3 Knoblauchzehen
1 Karotte
4 große Wirsingblätter
2 mehligkochende Kartoffeln
3 große Tomaten
Pflanzenfett (bevorzugt Kokosfett)
½ TL Paprikapulver geräuchert
1 TL Paprikapulver edelsüß
1 EL Weißmehl
ca. 900 ml Gemüsebrühe
2 Nelken
3 Lorbeerblätter
½ Handvoll Koriander
Salz, Pfeffer

1. Die Kidneybohnen über Nacht in reichlich kaltem Wasser einweichen. Am nächsten Tag abgießen und mit Wasser abspülen.

2. Die Zwiebel in feine Würfel (Brunoise), den Knoblauch in feine Scheiben schneiden. Die Karotte schälen, der Länge nach vierteln und in ca. 7 mm große Würfel schneiden. Den Strunk der Wirsingblätter entfernen und die Blätter in ca. 7 mm große Stücke schneiden. Die Kartoffeln schälen, vierteln und in mundgerechte Stücke schneiden. Den Strunk der Tomaten entfernen und ihr Fleisch in grobe Stücke schneiden.

3. 1 EL Pflanzenfett in einem Topf erhitzen und Zwiebeln und Knoblauch darin glasig dünsten. Die Karottenwürfel hinzufügen und 4–5 Minuten mitdünsten. Den Wirsing hinzufügen und 2–3 Minuten mitdünsten. Nun die Kartoffeln und die Tomaten hinzufügen und 1–2 Minuten schwenken. Geräuchertes und edelsüßes Paprikapulver sowie das Mehl hinzufügen, gut umrühren und mit Gemüsebrühe aufgießen. Kidneybohnen, Nelken und Lorbeerblätter hinzufügen und bei mittlerer Hitze so lange köcheln lassen, bis die Bohnen gar sind (mind. 40 Minuten). Falls nötig, noch etwas mehr Brühe hinzufügen. Gelegentlich umrühren.

4. Währenddessen den Koriander samt den Stielen fein hacken. Zum Schluss, wenn die Bohnen gar sind, den gehackten Koriander hinzufügen, mit Salz und Pfeffer würzen und die Suppe heiß servieren.

MILCHREIS mit Orangenkompott

50-60 MINUTEN 3-4 PORTIONEN

3-4 Orangen
1 Zitrone
2 EL Rohrohrzucker
10 ml Grand Mariner (Orangenlikör, optional)
1 Vanilleschote
185 g Milchreis
ca. 60 ml Hafermilch oder Pflanzendrink nach Wahl
2-3 EL Vollrohrzucker oder Agavendicksaft
1 Prise Salz
1-2 TL gemahlener Zimt
4 ganze Sternanis
100 g vegane Crème fraîche (optional)

1. Orangen und Zitrone mit heißem Wasser abspülen. Die Schale einer Orange mit einem scharfen Messer ganz dünn abschneiden, sodass möglichst wenig Weißes an der Schale ist. Die Schale der restlichen Orangen und der Zitrone abreiben. Die Schale der ersten Orange in kleine Würfel schneiden. Nun alle Orangen und die Zitrone schälen und das Fruchtfleisch im grobe Stücke schneiden. Eventuelle Kerne entfernen.

2. Den Rohrohrzucker in einem Topf mit ganz wenig Wasser langsam karamellisieren lassen. Wenn der Zucker karamellfarbig ist, die Orangen- und Zitronenstücke sowie die Orangenschalenwürfel hinzufügen und ggf. mit Grand Manier ablöschen.

3. Die Vanilleschote halbieren und auskratzen. Schote und Mark mit in den Topf geben. Auf leichter Stufe unter gelegentlichem Rühren so lange köcheln lassen, bis die Flüssigkeit eingedickt ist. Vom Herd nehmen und auskühlen lassen.

4. Für den Milchreis den Reis, Hafermilch, 120 ml Wasser, Vollrohrzucker, Salz, Zimt und Sternanis in einen Topf geben und alles langsam zum Kochen bringen. Unter gelegentlichem Rühren so lange köcheln lassen, bis der Reis gar ist. Der Milchreis sollte leicht cremig sein.

5. Den Sternanis entfernen und ggf. die Crème fraîche hinzufügen und nochmals gut vermischen. Wer es süßer mag, kann noch etwas mehr Zucker hineinrühren.

6. Gemeinsam mit dem Orangenkompott mit Zimt bestäubt als kleinen warmen Nachtisch oder als Süßspeise servieren.

AUBERGINENSALAT MIT PITA

1½ STUNDEN (INKL. GEHZEIT) 3-4 PORTIONEN

Für das Pitabrot
5-10 g Trockenhefe
oder ca. 20 g frische Hefe
ca. 300 g Dinkelmehl
3-4 EL Olivenöl
½ TL Salz

Für den Auberginensalat
4 Auberginen
1 Handvoll Pinienkerne
2 rote Zwiebel
2 Knoblauchzehen
2 große Tomaten
½ Handvoll glatte Petersilie
½ Handvoll Basilikum
1 Bio-Zitrone
etwas getrocknete Chiliflocken
½ EL gemahlener Kreuzkümmel
2-3 EL Rotweinessig
4-5 EL Olivenöl
1 Handvoll Oliven zum Garnieren
Meersalz, Pfeffer

1. Für das Pitabrot Trockenhefe, Dinkelmehl, Olivenöl und etwas Salz in eine Schüssel geben. Langsam ca. 250 ml lauwarmes Wasser hinzufügen und entweder mit der Teigmaschine oder von Hand zu einem Teig kneten (mit der Maschine etwa 10 Minuten und von Hand so lange, bis der Teig geschmeidig ist). Abgedeckt etwa 60 Minuten bei Raumtemperatur gehen lassen.

2. Nun den Teig in drei oder vier Stücke teilen und zu Kugeln formen. Auf ein Backbleck mit Backpapier legen und etwas flach rollen. Mit einer Gabel Löcher in den Teig stechen und nochmals 10 Minuten gehen lassen. Etwa 12-15 Minuten bei 180 °C knusprig backen. Aus dem Ofen nehmen und auf einem Gitter auskühlen lassen.

3. Für den Auberginensalat die Auberginen der Länge nach halbieren und auf ein Backblech mit Backpapier legen. Mit einem Messer die Oberfläche gitterförmig einschneiden. Mit etwas Olivenöl und Meersalz beträufeln. Bei 200 °C im Ofen etwa 25 Minuten backen.

4. Die Pinienkerne in einer Pfanne goldgelb rösten und auf einen Teller mit Papier legen. Die Zwiebeln in feine Würfel schneiden und in eine Schüssel geben. Die Knoblauchzehen dazu pressen.

5. Die Tomaten vierteln, entkernen und das Fruchtfleisch in Würfel schneiden. Petersilie und Basilikum grob hacken und alles in die Schüssel zu den Zwiebeln und dem Knoblauch geben. Die Zitrone heiß abwaschen und etwas Zitronenschale in die Schüssel raspeln. Den Saft auspressen und ein Drittel davon dazugeben.

6. Die Auberginen aus dem Ofen nehmen und kurz ausdampfen lassen. Mit einem Löffel das Auberginenfleisch auskratzen und anschließend grob hacken. Auskühlen lassen und zu den restlichen Zutaten in die Schüssel geben.

7. Chiliflocken, Kreuzkümmel, Essig und Olivenöl hinzufügen. Gut mischen und mit Meersalz und Pfeffer würzen. Gemeinsam mit dem Pitabrot servieren und mit den Oliven garnieren.

GESCHMORTE GRÜNE BOHNEN MIT KARTOFFELN

Fasolakia

45 MINUTEN 3-4 PERSONEN

1 Zwiebel
2 Knoblauchzehen
200 g grüne breite Stangenbohnen (Schnittbohnen)
7 festkochende Kartoffeln
4 große Tomaten
Pflanzenfett (bevorzugt Kokosfett)
3 EL Tomatenmark
1 EL Paprikapulver edelsüß
150 ml Weißwein
400 ml Gemüsebrühe
½ TL Vollrohrzucker
5-6 Thymianzweige
½ Handvoll Petersilie
½ Handvoll Dill
Salz, Pfeffer

1. Die Zwiebel halbieren und in feine Streifen schneiden. Den Knoblauch in feine Streifen schneiden. Bei den Bohnen die beiden Enden knapp abschneiden. Die Kartoffeln vierteln. Die Tomaten halbieren, den Strunk entfernen und das Tomatenfleisch in grobe Würfel schneiden.

2. Das Pflanzenfett in einem Topf erhitzen und die Zwiebeln zusammen mit dem Knoblauch glasig dünsten. Die Kartoffeln hinzufügen und 2 Minuten mitdünsten. Tomatenmark und Paprikapulver hinzufügen und 2-3 Minuten mitdünsten. Die Tomatenwürfel hinzufügen und nochmals 2-3 mitdünsten. Mit Weißwein ablöschen und etwas einköcheln lassen.

3. Mit Gemüsebrühe aufgießen, Zucker und Thymian hinzufügen und 5-10 Minuten köcheln lassen. Nun die ganzen Stangenbohnen hinzufügen und so lange köcheln lassen, bis die Kartoffeln und die Stangenbohnen gar sind.

4. Währenddessen die Petersilie und den Dill fein hacken. Wenn die Kartoffeln gar sind, die Kräuter hinzufügen, den Eintopf mit Salz und Pfeffer würzen und heiß servieren.

AUBERGINEN-KARTOFFEL-AUFLAUF mit Cashewkruste

Moussaka

90 MINUTEN

4 PORTIONEN (1 AUFLAUFFORM)

2 Zwiebeln
3 Knoblauchzehen
2 Karotten
200 g Tofu
4–5 Oreganozweige
Pflanzenfett (bevorzugt Kokosfett)
3 EL Tomatenmark
100 ml Rotwein
400 g Tomatenwürfel aus der Dose
200 ml Gemüsebrühe
1 TL Zimtpulver
2 EL Vollrohrzucker
Salz
2 Lorbeerblätter
3 große Auberginen
Olivenöl
4–5 große festkochende Kartoffeln

Für die Béchamelsauce
2–3 EL pflanzliche Butter
2–3 EL Dinkelmehl
ca. 250 ml Pflanzendrink
(Soja, Cashew, Hafer)
Salz, Pfeffer, Muskatnuss

Für die Cashewkruste
200 g Cashewkerne
200 ml Pflanzendrink
2 EL Kräuteressig
1 Knoblauchzehe
Salz, Pfeffer

1. Die Zwiebeln und den Knoblauch in feine Würfel schneiden. Die Karotten in kleine Würfel schneiden. Den Tofu mit der Hand zerreiben, sodass kleine Brösel entstehen. Die Oreganoblätter grob hacken.

2. In einer Bratpfanne die Tofubrösel mit etwas Fett scharf und mit Farbgebung anbraten und beiseitestellen. 1 EL Pflanzenfett in einem Topf erhitzen und die Zwiebeln mit dem Knoblauch glasig dünsten. Danach die Karottenwürfel hinzufügen und 3–4 Minuten mitdünsten. Das Tomatenmark dazugeben und 1 Minute bei mittlerer Hitze rösten. Mit dem Rotwein ablöschen und einköcheln lassen.

3. Tomatenwürfel, Gemüsebrühe, Zimt, Zucker, etwas Salz, gebratenen Tofu und Lorbeerblätter hinzufügen und die Sauce auf mittlere Stufe für mindestens 20–30 Minuten köcheln lassen. Gelegentlich umrühren. Bei Bedarf etwas mehr Brühe hinzufügen.

4. Ein Blech mit Backpapier bereitlegen. Die Auberginen in 5–6 mm dicke Scheiben schneiden und auf dem Backblech verteilen. Mit etwas Olivenöl beträufeln und mit wenig Salz bestreuen. Im Ofen bei 190–200 °C goldbraun ausbacken (ca. 25 Minuten). Aus dem Ofen nehmen und auskühlen lassen.

5. Nun ein Topf mit Wasser zum Kochen bringen. Die Kartoffeln in 5–6 mm dicke Scheiben schneiden und im Salzwasser für 8 Minuten abkochen. Abgießen und ausdampfen lassen.

6. Für die Béchamelsauce die Butter in einer Pfanne schmelzen und das Mehl einrühren. Kurz rösten und mit dem Pflanzendrink aufgießen. Zum Kochen bringen und mit dem Rührbesen gut vermischen. Mit Salz, Pfeffer und Muskat kräftig würzen.

7. Für die Kruste Cashews, Pflanzendrink, Essig, Knoblauch, Salz und Pfeffer in einen Mixer geben und mixen, bis eine leicht dicke Masse entsteht. Ist die Masse zu dick, etwas mehr Pflanzendrink hinzufügen und wenn sie zu dünn ist, etwas mehr Cashewkerne.

8. Eine Auflaufform mit Öl ausfetten und die Kartoffeln am Boden dicht aneinander legen.

9. Nachdem die Tomatensauce eingekocht ist, diese kräftig mit Salz und Pfeffer würzen und die Kartoffeln damit bedecken. Die Hälfte der Auberginenscheiben in die Form schichten und mit der Hälfte der Béchamelsauce übergießen. Nun wieder die Tomatensauce eingießen und danach die restliche Béchamelsauce. Die restlichen Auberginenscheiben dicht aneinanderlegen und zum Schluss mit der Cashewmasse die ganze Form überdecken. Im Ofen bei 180 °C 30–40 Minuten goldbraun backen.

Tipp: Da am Schluss alles geschichtet wird, die einzelnen Komponenten vorsichtig salzen.

GRIECHENLAND

BLÄTTERTEIG-SPINAT-TASCHEN

Spanakopita

45 MINUTEN

3-4 PORTIONEN

1 Zwiebel
1 Handvoll Petersilie
Pflanzenfett (bevorzugt Kokosfett)
350 g frischer Blattspinat
1 Handvoll Pinienkerne
1 Handvoll Walnusskerne, grob gehackt
1 Bio-Zitrone
200 g vegane Mascarpone oder Crème fraîche aus Hafer oder Mandel, alternativ pflanzlicher Joghurt
ca. 2 EL Edelhefeflocken
ca. 300 g veganer Blätterteig, rechteckig ausgerollt
Meersalz, Pfeffer

1. Die Zwiebel in feine Würfel (Brunoise) schneiden. Die Petersilie fein hacken. In einer großen Pfanne oder einem Wok die Zwiebeln mit etwas Pflanzenfett dünsten. Den Spinat hinzufügen und mitdünsten, bis er zusammenfällt. Die Pfanne vom Herd nehmen und Petersilie, Pinienkerne und Walnüsse hinzufügen.

2. Die Zitrone mit warmem Wasser abspülen und mit einer Reibe die Hälfte der Schale zum Spinat reiben. Vegane Mascarpone oder Crème fraîche sowie Hefeflocken hinzufügen und mit Salz und Pfeffer würzen. Gut vermischen.

3. Den Blätterteig in ca. 8 cm breite und 20 cm lange Streifen schneiden. Ca. 2 EL der Spinatmasse an einem Ende in die Mitte des Teiges geben. Die Ränder mit etwas Wasser bepinseln und nun den Blätterteig im Dreieck mehrmals einfalten. Auf ein Blech mit Backpapier legen.

4. Den Ofen auf 190–200 °C vorheizen und die Blätterteigtaschen darin ca. 20 Minuten backen.

Tipp: Die Taschen eignen sich gut als Vorspeise und können mit Oliven oder eingelegtem Gemüse serviert werden. Falls Masse übrig bleibt, kannst du diese einfach leicht erwärmen und zusammen mit frischem Brot genießen.

GEFÜLLTE AUBERGINEN mit Backkartoffeln

Brungiel Mimli

75 MINUTEN

3-4 PORTIONEN

3 Auberginen
Olivenöl
100 g braune Linsen
2 große Zwiebeln
3 Knoblauchzehen
Pflanzenfett (bevorzugt Kokosfett)
2 Fleischtomaten
150 g veganes Hack
(aus Erbsen- oder Sojaprotein)
3 EL Tomatenmark
100 ml Rotwein
etwas Chilipulver
1 EL getrockneter Oregano
4-5 Thymianzweige
1 TL Zimtpulver
6-7 griechische grüne Oliven, entsteint
6-7 griechische Kalamata-Oliven, entsteint
2 Handvoll kleine festkochende Kartoffeln
5-6 frische Salbeiblätter
2 frische Rosmarinzweige
1 ganze Knoblauchknolle
Meersalz, Pfeffer

1. Die Auberginen der Länge nach halbieren und mit dem Messer das Fruchtfleisch rautenartig einschneiden. Vorsicht, dass die Haut nicht durchgeschnitten wird! Mit etwas Olivenöl beträufeln und mit Meersalz bestreuen und bei 200 °C (Umluft) 30 Minuten im Ofen backen. Aus dem Ofen nehmen und auskühlen lassen.

2. Die Linsen in Wasser nach Packungsangaben weich kochen.

3. Zwiebeln und Knoblauchzehen in kleine Würfel schneiden und in einer Bratpfanne mit etwas Pflanzenfett mit leichter Farbgebung dünsten. Währenddessen die Tomaten in grobe Würfel schneiden. Das Hack dazugeben und 4–5 Minuten unter gelegentlichem Rühren mitbraten. Das Tomatenmark hinzufügen und 1–2 Minuten mitbraten. Mit Rotwein ablöschen und einköcheln lassen.

4. Tomatenwürfel, Chilipulver, Oregano, Thymian, Zimt und etwas Salz hinzufügen und unter gelegentlichem Rühren 10–12 Minuten köcheln lassen. Die Oliven in kleine Stücke schneiden und hinzufügen. Wenn die Linsen gar sind, diese abgießen und in die Pfanne zum Hack geben und gut vermischen. Mit Salz und Pfeffer kräftig würzen und bei kleiner Hitze noch 3–4 Minuten köcheln lassen. Bei Bedarf etwas Flüssigkeit hinzufügen.

5. Die Kartoffeln halbieren und in eine Auflaufform legen. Die Salbeiblätter grob hacken und mit den Rosmarinnadeln zu den Kartoffeln geben. Die Knoblauchknolle halbieren, dazulegen und alles mit Salz und Pfeffer würzen und mit Olivenöl beträufeln. Gut vermischen und im Ofen bei 200 °C (Umluft) knusprig ausbacken.

6. Nun die Auberginen vorsichtig zu zwei Dritteln auskratzen, das Fruchtfleisch grob hacken und zum Hack geben. Gut vermischen und die Auberginen damit füllen. Ebenfalls im Ofen ausbacken und nach ca. 15 Minuten aus dem Ofen nehmen. Die Kartoffeln so lange drin lassen, bis sie schön knusprig sind.

Die Balkanküche

DIE VIELFALT DES BALKANS

Wer sich nicht eingehend mit der Balkanküche beschäftigt hat, assoziiert mit ihr wohl vor allem die vielen Fleischgerichte – aber das ist längst nicht alles! Ihr historischer Ursprung liegt in der osmanischen Küche, und sie wurde im Laufe der Zeit durch verschiedene Fremdherrschaften und kulturelle Einflüsse geprägt. Ein charakteristisches Merkmal der Balkanküche ist die Verwendung von Paprika, die oft über offenem Feuer gegrillt wird, um eine rauchige und würzige Note zu entwickeln. Obwohl nicht jedes Gericht pflanzlich interpretierbar ist, lassen sich doch viele traditionelle Speisen hervorragend vegan umwandeln. Dabei bieten sich insbesondere Hülsenfrüchte als nahrhafte Ergänzung an. Eintöpfe, oft serviert mit Brot, sind in der Balkanregion ein alltägliches Gericht, das sich vielfältig mit unterschiedlichen Gemüsesorten variieren lässt.

DJUVEC-REISPFANNE

40 MINUTEN **3-4 PORTIONEN**

2 rote Zwiebeln
3-4 Knoblauchzehen
3 rote Paprikaschoten
1 mittelscharfe Chilischote
2 Tomaten
1 EL Pflanzenfett (bevorzugt Kokosfett)
1 EL Tomatenmark
2 EL Paprikapulver edelsüß
4 EL Ajvar (im Glas)
200 g Langkornreis oder Wildreis-Mix
500-600 ml Gemüsebrühe
100 g grüne Erbsen (TK)
1 Handvoll glatte Petersilie
Salz, Pfeffer

1. Die Zwiebeln halbieren und in feine Streifen schneiden. Die Knoblauchzehen in dünne Scheiben schneiden. Das Kerngehäuse der Paprika entfernen und die Paprikastücke in 4–5 mm große Würfel schneiden. Die Chilischote schräg in feine Ringe schneiden. Den Strunk von den Tomaten entfernen, die Tomaten halbieren und in grobe Würfel schneiden.

2. Das Pflanzenfett in einer etwas tieferen beschichteten Pfanne oder einem Wok erhitzen und die Zwiebeln mit dem Knoblauch darin glasig dünsten. Die Paprikawürfel und Chiliringe hinzufügen und 3-4 Minuten mitdünsten. Die Tomatenwürfel hinzufügen und 1-2 Minuten mitdünsten. Nun Tomatenmark, Paprikapulver sowie Ajvar hinzufügen und 1-2 Minuten mitdünsten. Den Reis hinzufügen, gut vermischen und mit Gemüsebrühe aufgießen.

3. Zugedeckt unter gelegentlichem Rühren so lange nach Packungsanweisung köcheln lassen, bis der Reis gar ist. 5 Minuten vor Ende der Garzeit die gefrorenen Erbsen hinzufügen. Die Masse sollte am Ende leicht cremig sein. Bei Bedarf etwas mehr Brühe hinzufügen.

4. Während der Reis kocht die Petersilie grob hacken und kurz vor Schluss zum Reis geben. Nochmals gut mit Salz und Pfeffer abschmecken, vermischen und servieren.

Tipp: **Wer es rauchig mag, kann das Gericht mit etwas geräuchertem Paprikapulver verfeinern.**

WALNUSSROLLE

Orahnjaca

ZUBEREITUNG 20 MINUTEN • GEHEN 30-40 MINUTEN • BACKEN 20-25 MINUTEN

1 GROSSE ROLLE

Für den Teig
30 g frische Hefe
ca. 175 g Dinkelmehl
ca. 175 g Weizenmehl
2 EL Vollrohrzucker
150 ml lauwarmer Pflanzendrink (Soja, Mandel, Hafer)
1-2 EL lauwarmes Kokosfett
½ TL Backpulver
½ TL Salz

Für die Füllung
180 g gemahlene Walnüsse
2-3 EL Vollrohrzucker
2-3 EL Pflaumenmus oder Pflaumenkonfitüre
1 Handvoll dunkle Rosinen
250 ml Pflanzendrink
2 EL Kokosfett
1 Vanilleschote
Schalenabrieb von ½ Zitrone
1 TL gemahlener Zimt
2-3 EL Rum (optional)

Puderzucker zum Bestreuen

1. Die Hefe mit 1 EL Mehl und etwas lauwarmem Wasser in einer Schüssel mit den Fingern klumpenfrei vermischen.

2. Dinkelmehl, Weizenmehl, Zucker, Pflanzendrink, Kokosfett, Backpulver und Salz dazugeben. Entweder mit der Teigmaschine oder von Hand zu einem Teig kneten – mit der Maschine etwa 6-8 Minuten und von Hand so lange, bis der Teig geschmeidig ist. Abgedeckt etwa 30-40 Minuten bei Raumtemperatur gehen lassen.

3. Während der Teig ruht, alle Zutaten für die Füllung in einen Topf geben und bei mittlerer Hitze unter ständigem Rühren wie einen Porridge köcheln. Bei Bedarf etwas mehr Flüssigkeit dazugeben. Etwa 5-6 Minuten köcheln lassen und danach vom Herd nehmen und etwas auskühlen lassen.

4. Den Teig aus der Schüssel nehmen und nochmals kurz durchkneten. Etwa 3-4 mm dick möglichst rechteckig ausrollen. Bei Bedarf etwas zuschneiden.

5. Die Füllung gleichmäßig auf dem Teigboden verteilen. Nun von der langen Seite her eng einrollen. Zum Schluss die Rolle auf ein Blech mit Backpapier geben und die Oberfläche mit etwas Pflanzendrink bestreichen. Bei ca. 170 °C (Umluft) 20-25 Minuten goldbraun ausbacken.

6. Aus dem Ofen nehmen, auskühlen lassen und vor dem Servieren mit etwas Puderzucker bestreuen.

ALBANIEN

PAPRIKAAUFLAUF mit frischem Brot

Fërgesë Tirane

90 MINUTEN

3-4 PORTIONEN

Für das Brot
450 g Dinkelmehl
1 Pckg. Backpulver (ca. 10 g)
2-3 EL Olivenöl
2 TL Salz
1 EL Vollrohrzucker
150 ml Soja-, Hafer- oder Kokosjogurt
150 ml Mineralwasser mit Kohlensäure

Für den Auflauf
4 große rote Paprikaschoten
3-4 Fleischtomaten
2 Zwiebeln
4 Knoblauchzehen
1 kleine frische Chilischote
½ Bund frische Petersilie
Pflanzenfett (bevorzugt Kokosfett)
1-2 EL Paprikapulver, edelsüß
1 EL Weizen- oder Dinkelmehl
1 EL Vollrohrzucker
2 TL getrockneter Oregano
Salz, Pfeffer

1. Für das Brot alle Zutaten in eine Schüssel geben. Entweder mit der Teigmaschine oder von Hand zu einem Teig kneten – mit der Maschine etwa 5-6 Minuten und von Hand so lange, bis der Teig geschmeidig ist. Falls der Teig etwas zu nass oder trocken ist, etwas mehr Mehl oder Flüssigkeit hinzufügen.

2. Den Teig zu einer Kugel formen und auf ein mit Backpapier belegtes Blech legen. Mit etwas Mehl bestäuben und mit einem Messer oben leicht einschneiden. Das Blech in den auf 230 °C vorgeheizten Ofen schieben und 25–30 Minuten knusprig backen. Danach aus dem Ofen nehmen und auf einem Gitter auskühlen lassen.

3. Für den Auflauf die Paprika in etwa 1,5 cm große Stücke schneiden. Den Strunk der Tomaten entfernen und die Tomaten ebenfalls in ca. 1,5 cm große Stücke schneiden. Zwiebeln in feine Würfel und Knoblauch in dünne Scheiben schneiden. Die Chili samt Kernen in feine Streifen schneiden. Die Petersilie samt den Stielen fein hacken.

4. Etwas Pflanzenfett in einer großen beschichteten Pfanne erhitzen und die Paprikawürfel darin in 5–7 Minuten scharf und mit Farbgebung anbraten. Tomatenwürfel und Chilistreifen hinzufügen und für weitere 4–5 Minuten unter gelegentlichem Rühren mitbraten. Die Paprika-Tomaten-Masse in eine Schüssel geben und die Pfanne mit etwas Küchenpapier auswischen oder ausspülen.

5. 1 EL Pflanzenfett in der Pfanne erhitzen und Zwiebeln und Knoblauch einige Minuten lang glasig dünsten. Paprikapulver, Mehl und Zucker hinzufügen und gut vermischen. Die Paprika-Tomaten-Masse hinzufügen und gut mit den Zwiebeln vermischen.

6. Oregano hinzufügen und mit ca. 100 ml Wasser aufgießen. Mit Salz und Pfeffer würzen und 3–4 Minuten leicht köcheln lassen, bis das Wasser weitgehend reduziert ist. Nun die gehackte Petersilie hinzufügen, vermischen und alles in eine Auflaufform geben. Im Ofen bei 230 °C weitere 15 Minuten schmoren. Danach heiß und zusammen mit dem Brot servieren.

Tipp: Im Balkan wird das Brot oft in die Sauce getunkt und so genossen. Dazu kann man gutes Olivenöl zum Tunken servieren. Einfach, aber genial!

Wer in Kroatien abseits der beliebten Küstenregionen unterwegs ist, findet naturbelassene Orte ohne viele Menschen. Auch Wildcampen ist in der Nebensaison kein Problem.

Die wilden Offroad-Pisten Albaniens sind auf jeden Fall anspruchsvoll und nur mit einem passenden Geländewagen befahrbar. Mein Landi hatte mit den matschigen Straßen keine Schwierigkeiten.

PAPRIKAPFANNE mit Polenta und Joghurtsauce

Sataraš

45 MINUTEN

3-4 PORTIONEN

Für die Polenta
700-800 ml Gemüsebrühe
150 g Polenta/Maisgries fein
Meersalz, Muskatnuss

Für die Jogurtsauce
2 Knoblauchzehen
200 g Sojajoghurt
Salz, Pfeffer

Für die Paprikapfanne
1 Zwiebel
4-5 Knoblauchzehen
4 große rote Paprikaschoten
3 Karotten
3-4 Liebstöckelzweige
Pflanzenfett (bevorzugt Kokosfett)
4-5 Thymianzweige
2-3 TL Paprikapulver
etwas Chilipulver
1 EL Vollrohrzucker
1 Dose gehackte Tomaten (ca. 400 g)
300-400 ml Gemüsebrühe
150 ml Soja- oder Hafersahne
Meersalz, Pfeffer, Muskatnuss

1. Für die Polenta die Gemüsebrühe in einem Topf erhitzen und mit etwas Muskatnuss und Salz würzen. Den Maisgriess langsam einrühren und bei schwacher Hitze unter Rühren mit einem Schneebesen nach Packungsangabe fertig kochen. Bei Bedarf etwas mehr Brühe hinzufügen. Ist der Maisgries gar, den Topf vom Herd nehmen und den Deckel aufsetzen, um die Polenta warm zu halten.

2. Für die Sauce die Knoblauchzehen zum Joghurt pressen und mit wenig Salz und Pfeffer würzen. Ebenfalls beiseitestellen.

3. Für die Paprikapfanne die Zwiebel in dünne Streifen und die Knoblauchzehen in feine Scheiben schneiden. Die Paprikaschoten entkernen und in lange dünne Streifen schneiden. Die Karotten der Länge nach halbieren und etwas schräg in feine Scheiben schneiden. Die Liebstöckelzweige samt Stiel fein hacken.

4. In einer großen beschichteten Pfanne oder in einem Wok 1 EL Pflanzenfett erhitzen und die Zwiebeln mit dem Knoblauch glasig dünsten. Die Paprikastreifen und die Karottenscheiben hinzufügen und 4-5 Minuten mit leichter Farbgebung mitdünsten. Den gehackten Liebstöckel und die Thymianzweige hinzufügen und 1-2 Minuten weiterdünsten.

5. Paprikapulver, Chilipulver und Zucker hinzufügen, gut umrühren, 1 Minuten mitdünsten und dann die gehackten Tomaten hinzugeben. Mit der Gemüsebrühe aufgießen und mit etwas Salz und Pfeffer und wenig Muskatnuss würzen. So lange köcheln lassen, bis die Flüssigkeit fast komplett einreduziert ist. Gelegentlich umrühren.

6. Kurz vor Schluss die Thymianzweige entfernen. Die Paprikapfanne mit der Sahne verfeinern, nochmals abschmecken und gemeinsam mit der Polenta und der Joghurtsauce servieren.

GEMÜSE-LINSEN-TOPF

60 MINUTEN

3-4 PORTIONEN

1 große Zwiebel
3-4 Knoblauchzehen
1 EL Pflanzenfett
(bevorzugt Kokosfett)
150 g Berglinsen
300-400 ml Gemüsebrühe
3 Paprikaschoten
4 große Tomaten
½ Aubergine
1 kleine Zucchini
3 festkochende Kartoffeln
1 TL geräuchertes Paprikapulver
2 TL Paprikapulver, edelsüß
2 TL getrockneter Rosmarin
200 g Soja-/Haferjogurt
1 TL Kartoffel- oder Maisstärke
Meersalz, Pfeffer

1. Zwiebel und Knoblauch in kleine Würfel schneiden. 1 EL Pflanzenfett in einem kleinen Topf erhitzen und die Zwiebel- und Knoblauchwürfel darin 3–4 Minuten glasig dünsten. Die mit Wasser abgespülten Linsen hinzufügen und kurz mitdünsten. Mit etwas Gemüsebrühe bedecken und 10–15 Minuten zugedeckt leicht köcheln lassen.

2. Währenddessen die Paprikaschoten in grobe Würfel schneiden und in eine große Auflaufform oder eine ofenfeste Pfanne geben. Den Strunk von den Tomaten entfernen, die Tomaten in grobe Würfel schneiden und zur Paprika geben. Aubergine und Zucchini ebenfalls in grobe Würfel schneiden und hinzufügen. Die Kartoffeln schälen, in grobe Würfel schneiden und ebenfalls hinzufügen.

3. Die beiden Paprikapulver und den getrockneten Rosmarin zum Gemüse geben, mit ca. 100 ml Brühe aufgießen und mit Salz und Pfeffer würzen. Die Linsen samt der noch übrig gebliebenen Flüssigkeit zum Gemüse geben und alles gut vermischen.

4. Die Auflaufform oder die ofenfeste Pfanne im auf 200 °C vorgeheizten Ofen 45 Minuten backen. Alle 8–10 Minuten das Gemüse umrühren.

5. Das Gemüse aus dem Ofen nehmen und den Jogurt sowie etwas aufgelöste Stärke hinzufügen. Gut vermischen und nochmals für 15 Minuten im Ofen backen. Den Gemüsetopf aus dem Ofen nehmen und nach Belieben mit etwas frischem Brot vom Bäcker servieren.

In Bosnien sind nicht nur die Menschen unglaublich freundlich, sondern auch die Natur, das Land und ihre Kultur sind auf jeden Fall eine Reise wert.

Der Durmitor-Nationalpark ist wie eine andere Welt: karge Wiesen, spitze Berge und jede Menge Weitsicht.

GEBACKENER BOHNENTOPF

Prebranac

60 MINUTEN **3-4 PORTIONEN**

2 Zwiebeln
4 Knoblauchzehen
4 Paprikaschoten
3 große Tomaten
Pflanzenfett (bevorzugt Kokosfett)
2 EL Tomatenmark
1 EL Dinkelmehl
2 EL Paprikapulver edelsüß
300 g große weiße Bohnen (Glas oder Dose)
300–400 ml Gemüsebrühe
3 Lorbeerblätter
1–2 TL Bohnenkraut
etwas Cayennepfeffer
½ Handvoll frischer Dill
½ Handvoll glatte Petersilie
Salz, Pfeffer

1. Die Zwiebeln in grobe Würfel und den Knoblauch in Scheiben schneiden. Die Paprika in grobe Stücke, die Tomaten in grobe Würfel schneiden.

2. 2 EL Pflanzenfett in einem ofenfesten Topf erhitzen und die Zwiebelwürfel und Knoblauchscheiben darin 3–4 Minuten glasig dünsten. Die Paprika hinzufügen und 2–3 Minuten mitdünsten. Die Tomatenwürfel hinzufügen und 2–3 Minuten mitdünsten. Das Tomatenmark hinzufügen und bei etwas mehr Hitze 2 Minuten unter Rühren mitdünsten.

3. Nun Dinkelmehl und Paprikapulver hinzufügen und unterrühren. Die abgegossenen und abgespülten Bohnen dazugeben und mit der Gemüsebrühe aufgießen. Lorbeerblätter und Bohnenkraut hinzufügen. Mit etwas Pfeffer und Cayennepfeffer würzen und gut vermischen.

4. Den Topf in den Ofen stellen und bei 210 °C 40 Minuten schmoren. Falls du keine feuerfeste Pfanne hast, alles in eine Auflaufform umfüllen.

5. Währenddessen Dill und die Petersilie fein hacken. Den Schmortopf aus dem Ofen nehmen, die Kräuter hinzufügen, nachwürzen und servieren.

Tipp: **Dazu passt ein kräftiger Rotwein.**

GEFÜLLTE PAPRIKA
mit Reis und Tomatensauce

75-90 MINUTEN **3-4 PORTIONEN**

ca. 170 g Vollkornreis
oder Langkornreis
6-7 große Paprikaschoten
(grün, rot, gelb gemischt)
3 große Zwiebeln
5 Knoblauchzehen
300 g Räuchertofu,
alternativ veganes Hack
Pflanzenfett (bevorzugt Kokosfett)
4 TL Paprikapulver
1 Handvoll frische Petersilie
3 große Tomaten
2 EL Tomatenmark
1 TL geräuchertes Paprikapulver
2 EL Dinkelmehl
oder Kichererbsenmehl
700-800 ml Gemüsebrühe
1 TL getrockneter Thymian
1 EL Vollrohrzucker
Meersalz, Pfeffer

1. Den Reis im leicht gesalzenen Wasser nach Packungsangabe köcheln lassen, bis er gar ist. Danach abgießen und ausdampfen lassen.

2. Die Paprikaschoten beim Strunk aufschneiden und das Kerngehäuse vorsichtig mit einem Messer ausschneiden. Den Deckel der Paprika so entfernen, dass der Stiel noch dran ist. Beides beiseitelegen.

3. Zwiebeln und Knoblauch in kleine Würfel schneiden. Den Tofu mit der Hand über einem Teller in kleine Stücke zerbröseln. Zwei Drittel der Zwiebelwürfel gemeinsam mit den Knoblauchwürfeln in einer Bratpfanne mit leichter Farbgebung in Pflanzenfett anbraten. Den Tofu hinzufügen und für einige Minuten unter Rühren mitbraten.

3. 2 TL Paprikapulver und den Reis dazugeben und kurz mitbraten. Vom Herd ziehen, mit Salz und Pfeffer würzen und beiseitestellen. Die Petersilie grob hacken und unter den Reis mischen.

4. Jetzt die Tomaten entkernen und das Fruchtfleisch in grobe Würfel schneiden. Die restlichen Zwiebelwürfel in einem Topf glasig dünsten. Tomatenmark, 2 TL Paprikapulver und 1 TL geräuchertes Paprikapulver hinzufügen und 1–2 Minuten unter ständigem Rühren rösten. Das Mehl dazugeben und gut verrühren. Die Tomatenwürfel hinzufügen und kurz mitrösten. Mit Gemüsebrühe aufgießen, Thymian und Zucker dazugeben und gut umrühren. 10 Minuten köcheln lassen und mit Salz und Pfeffer würzen.

5. Nun die Sauce in eine ofenfeste Pfanne oder eine Auflaufform gießen. Die Paprikaschoten mit der Reismischung füllen und in der Auflaufform dicht aneinanderstellen. Die Deckel auf die Paprikas legen und bei 230 °C 35–40 Minuten garen, bis das Paprikafleisch weich ist. Aus dem Ofen nehmen, heiß servieren und mit etwas Sauce überträufeln.

SELLERIESUPPE

45 MINUTEN   3-4 PORTIONEN

1 Zwiebel
2 Knoblauchzehen
350 g Knollensellerie
150 g mehligkochende Kartoffeln
1 EL Pflanzenfett (bevorzugt Kokosfett)
2-3 EL naturtrüber Apfelessig
ca. 900 ml Gemüsebrühe
½ TL ganze Kümmelsamen
2 Handvoll Mandeln
1 EL Paprikapulver edelsüß
1 Bund Schnittlauch
150 ml pflanzliche Sahne
Kresse nach Wahl als Garnitur
Salz, Pfeffer

1. Zwiebel und Knoblauch in kleine Würfel schneiden. Knollensellerie und Kartoffeln schälen und ebenfalls in grobe Würfel schneiden.

2. Etwas Pflanzenfett in einem Topf erhitzen und die Zwiebel- und Knoblauchwürfel glasig dünsten. Den Knollensellerie hinzufügen und unter gelegentlichem Rühren 4–5 Minuten mitdünsten. Die Kartoffelwürfel hinzufügen, kurz umrühren und mit Apfelessig ablöschen. Mit Gemüsebrühe auffüllen und die Kümmelsamen hinzufügen. So lange köcheln lassen, bis das Gemüse weich ist (mindestens 30 Minuten).

3. Währenddessen in einer Bratpfanne die Mandelkerne langsam bei mittlerer Hitze rösten. Sind die Mandeln geröstet, wenig Pflanzenfett hinzufügen und kurz schwenken. Vom Herd nehmen, mit Paprikapulver und Salz würzen und gut mischen. Schnittlauch in feine Röllchen schneiden und zur Seite legen.

4. Die gerösteten Paprikamandeln auf einen Teller mit Küchenpapier geben und auskühlen lassen.

5. Ist das Gemüse weich, die Suppe mit einem Stabmixer fein pürieren. Nach Bedarf noch etwas Gemüsebrühe hinzufügen. Die Suppe sollte eine leicht dickliche Konsistenz haben.

6. Die Suppe mit Salz und Pfeffer würzen und mit etwas Sahne verfeinern. Heiß servieren und mit Kresse Schnittlauchröllchen und gerösteten Mandeln garnieren.

TÜRKEI

GEMÜSEBÖREK

75 MINUTEN **4 PORTIONEN**

2-3 große festkochende Kartoffeln
1 Aubergine
Olivenöl
1 große Zwiebel
3 Knoblauchzehen
1 rote Paprikaschote
1 mittelgroße Zucchini
Kokosfett
2 TL Paprikapulver
2 TL Koriandersamen, gemahlen
2 TL Kreuzkümmel, gemahlen
2 EL Harissapaste
2 Handvoll frischer Blattspinat
½ Bund Pfefferminze plus mehr zum Servieren
½ Bund Petersilie
200 g pflanzliche Crème fraîche (Hafer, Mandel, Cashew) oder Pflanzenjoghurt
2-3 EL Paniermehl
2 Packungen Strudelteig (Teig für 2 Rollen)
3 EL helle Sesamsamen
Joghurt zum Servieren (optional)
Meersalz, Pfeffer

1. Die Kartoffeln schälen, in mittelgroße Würfel schneiden und im Salzwasser weich kochen.

2. Die Aubergine der Länge nach halbieren und das Fruchtfleisch gitterartig einschneiden. Mit etwas Olivenöl beträufeln und mit wenig Salz bestreuen. Bei 200 °C im Ofen 30 Minuten backen.

3. Währenddessen die Zwiebel in kleine Würfel schneiden und die Knoblauchzehen in dünne Scheiben. Paprika und Zucchini in 6-7 mm große Würfel schneiden.

4. Etwas Kokosfett in einem großen Topf oder einem Wok erhitzen und die Zwiebelwürfel sowie die Knoblauchscheiben darin glasig dünsten. Die Paprika- und Zucchiniwürfel hinzufügen und für 4-5 Minuten mitdünsten. Paprikapulver, Koriander und Kreuzkümmel sowie die Harissapaste (je nach gewünschter Schärfe etwas mehr oder weniger) hinzufügen und 1-2 Minuten unter Rühren mitdünsten. Den Topf vom Herd nehmen, den Blattspinat hinzufügen und gut vermischen. Der Spinat wird durch die Hitze zusammenfallen.

5. Die Kartoffeln abgießen, ausdampfen lassen und mit in den Topf geben. Die Aubergine aus dem Ofen nehmen, kurz ausdampfen lassen und mit einem Löffel das Fruchtfleisch auskratzen. Grob hacken und ebenfalls zum Gemüse geben.

6. Pfefferminze und Petersilie grob hacken und gemeinsam mit der Crème fraîche und dem Paniermehl zur Masse geben, mit Salz und Pfeffer würzen und gut vermischen. Wer es würziger mag, darf gerne etwas mehr Gewürze verwenden.

7. Den Strudelteig nach Packungsangabe vorbereiten und auf Backpapier legen. Mit flüssigem Kokosfett den Teig gut bepinseln und die Masse jeweils zur Hälfte am unteren Rand der Teige verteilen.

8. Zuerst die Seiten einklappen und langsam mithilfe des Backpapiers fest einrollen. Die Rollen auf ein Blech mit Backpapier legen und mit etwas Kokosfett bepinseln. Mit Sesamsamen bestreuen und bei 180 °C (Umluft) in ca. 25–30 Minuten goldbraun ausbacken.

9. Aus dem Ofen nehmen, kurz ausdampfen lassen und servieren. Passend etwas Joghurt vermischt mit Olivenöl, etwas Salz, Pfeffer und frisch gehackter Minze dazu servieren.

TÜRKEI

PILAW mit Datteln und Rosinen

40 MINUTEN 3-4 PORTIONEN

1 Handvoll Haselnüsse
1 große Zwiebel
3 Knoblauchzehen
2 rote Spitzpaprikaschoten
1 mittelgroße Aubergine
1 Handvoll frische Pfefferminze
1 Handvoll frische Blattpetersilie
80 g Datteln, entsteint
Pflanzenfett (bevorzugt Kokosfett)
1 TL Kreuzkümmel, gemahlen, plus mehr für den Joghurt
1 TL Koriandersamen, gemahlen
1-2 TL Harissapaste
Chiliflocken
1 EL Tomatenmark
80 g dunkle Rosinen
Pflanzenjoghurt (Soja, Hafer, Cashew, Mandel)
Tahin (optional)
Salz, Pfeffer

Für den Reis
140 g Basmatireis
½ TL Kurkuma, gemahlen
½ TL Kreuzkümmel, gemahlen
1 Nelke
1 Zimtstange
Salz

1. Den Basmatireis mit 300 ml Wasser, Kurkuma, Kreuzkümmel, Nelke, Zimtstange und etwas Salz zum Kochen bringen. Die Hitze reduzieren und den Reis ca. 15 Minuten unter gelegentlichem Rühren zugedeckt garen. Danach zugedeckt beiseitestellen, bis die Flüssigkeit vollkommen aufgenommen ist.

2. Währenddessen die Haselnüsse auf mittlere Stufe in einer Bratpfanne langsam rösten. Auf einen Teller geben und auskühlen lassen.

3. Die Zwiebel halbieren und in feine Streifen schneiden. Die Knoblauchzehen in feine Scheiben schneiden. Die Spitzpaprika der Länge nach halbieren, entkernen und in Stücke schneiden. Die Aubergine der Länge nach in Scheiben und diese in kleine Würfel schneiden.

4. Pfefferminze und Petersilie grob hacken und beiseitestellen. Die Datteln in kleine Würfel schneiden. Die Haselnüsse grob hacken.

5. 1-2 EL Pflanzenfett in einer Bratpfanne erhitzen und Zwiebeln und Knoblauch mit leichter Farbgebung dünsten. Die Paprikawürfel dazugeben und 3-4 Minuten mitdünsten. Nun die Auberginenwürfel hinzugeben und ebenfalls unter gelegentlichem Rühren 3-4 Minuten dünsten. Kreuzkümmel, Koriander, Harissa, Chiliflocken und Tomatenmark hinzufügen und 1-2 Minuten mitdünsten. Nun die Haselnüsse, Datteln und die Rosinen hinzugeben und alles beiseitestellen.

6. Den Reis mit einer Gabel auflockern (Zimt und Nelke entfernen) und zum Gemüse in die Pfanne geben. Bei kleiner Hitze nochmals auf den Herd stellen und alles gut vermischen. Vom Herd nehmen, mit Salz und Pfeffer würzen und zugedeckt 5-10 Minuten stehen lassen.

7. Etwas Pflanzenjoghurt mit wenig Kreuzkümmel und Pfefferminze vermischen und mit Salz und Pfeffer würzen. Die restlichen Kräuter zum Reis geben und gut untermischen. Mit der Joghurtsauce und optional Tahin servieren.

TÜRKEI

GESCHMORTE AUBERGINEN

Imam Bayildi

75 MINUTEN **3-4 PORTIONEN**

- 4 Auberginen
- 2 große Zwiebeln
- 4 Knoblauchzehen
- 3 rote Spitzpaprikaschoten
- 4 Tomaten
- 1 kleine Chilischote
- Pflanzenfett (bevorzugt Kokosfett)
- 3 EL Tomatenmark
- 2 TL Kreuzkümmel, gemahlen
- 3 TL Paprikapulver
- ½ TL geräuchertes Paprikapulver (optional)
- ca. 300 ml Gemüsebrühe
- 1 EL Vollrohrzucker
- 2 EL getrocknete Petersilie
- Abrieb von ½ Zitrone
- etwas Pflanzenjogurt
- Reis zum Servieren
- Salz, Pfeffer

1. Bei den Auberginen der Länge nach einen Keil herausschneiden, der ca. 80 % des Fruchtfleisches ausmacht. Darauf achten, dass die Früchte nicht durchgeschnitten werden. Den Keil herausnehmen und das verbliebene Auberginenfruchtfleisch gitterartig einschneiden. Das herausgeschnittene Fruchtfleisch in grobe Stücke schneiden.

2. Zwiebeln und Knoblauch in kleine Würfel schneiden. Die Paprika in ca. 0,5 cm große Würfel schneiden. Den Strunk von den Tomaten entfernen und die Tomaten in grobe Würfel schneiden. Die Chilischote der Länge nach halbieren, die Kerne mit einem Löffel auskratzen und die Chilischote klein schneiden.

3. Etwas Pflanzenfett in einer großen ofenfesten Pfanne erhitzen und die Zwiebel- und Knoblauchwürfel mit leichter Farbgebung glasig dünsten. Paprika und Chili hinzufügen und weitere 4–5 Minuten mit leichter Farbgebung mitdünsten. Die Auberginenstücke hinzufügen und 2–3 Minuten mitdünsten. Tomatenmark, Kreuzkümmel und Paprikapulver hinzugeben und 1 Minute mitdünsten. Die Tomatenwürfel dazugeben und weitere 2–3 Minuten mitdünsten.

4. Mit 150 ml Gemüsebrühe aufgießen, den Zucker hinzufügen und alles auf kleiner Stufe 5 Minuten köcheln lassen. Bei Bedarf etwas mehr Brühe hinzufügen.

5. Getrocknete Petersilie und die Hälfte des Zitronenabriebs dazugeben und gut vermischen. Mit Salz und Pfeffer würzen.

6. Nun die Auberginen leicht mit der Gemüsemischung füllen und sie dann zur restlichen Sauce in die ofenfeste Pfanne legen. Rund um die Auberginen mit ca. 200 ml Gemüsebrühe aufgießen.

7. Die Pfanne bei 180° (Umluft) 35–40 Minuten ausbacken. Danach aus dem Ofen nehmen, passend mit Reis und leicht gesalzenem Pflanzenjogurt servieren. Den restlichen Zitronenabrieb als Garnitur verwenden.

SÜSSER BREI mit Reis, Bohnen und Kichererbsen

TÜRKEI

Asure

60 MINUTEN 3-4 PORTIONEN

70 g Kichererbsen
70 g weiße Bohnen
100 g Langkorn- oder Vollkornreis
1 Handvoll Pistazien
½ Granatapfel
3 getrocknete Feigen
6 getrocknete Aprikosen
2 EL Rosinen
½ TL Zimt, gemahlen
¼ TL Nelken, gemahlen
100-150 g Vollrohrzucker
400-500 ml Pflanzendrink (Soja, Hafer, Mandel, Cashew)
1 Orange
1 Prise Salz
2 frische Feigen für die Garnitur

1. Die Kichererbsen und die weißen Bohnen über Nacht in reichlich kaltem Wasser einweichen. Am nächsten Tag die Hülsenfrüchte abgießen, gut mit Wasser abspülen und in einen Topf mit Wasser geben. Aufkochen und so lange köcheln lassen, bis die Hülsenfrüchte gar sind. Am einfachsten geht es in einem Schnellkochtopf.

2. Währenddessen den Reis im Wasser zu ca. zwei Dritteln weich kochen. Abgießen und kurz ausdampfen lassen.

3. Die Pistazienkerne leicht und ohne Farbgebung rösten und danach beiseitestellen und auskühlen lassen.

4. Die Granatapfelkerne vorsichtig aus der Schale lösen (am besten in einer Schüssel mit Wasser). Die Hälfte der Pistazienkerne fein hacken. Die gedörrten Feigen und Aprikosen in kleine Würfel schneiden und gemeinsam mit Rosinen, Hülsenfrüchten und Reis in einen Topf geben. Zimt, Nelke und Zucker hinzufügen und mit der pflanzlichen Milch aufgießen.

5. Die Orange mit heißem Wasser abspülen und die Schale in den Topf reiben. Den Saft auspressen und hinzufügen. Alles zum Kochen bringen und unter regelmäßigem Rühren so lange köcheln lassen, bis der Reis gar ist. Die Konsistenz sollte leicht cremig, aber nicht zu dick sein. Falls nötig, noch etwas mehr Pflanzendrink hinzufügen.

6. Zum Schluss eine kleine Prise Salz hinzufügen, nochmals gut vermischen und lauwarm servieren. Mit frischen Feigenschnitzen und den ganzen sowie gehackten Pistazienkernen ausgarnieren.

Tipp: Eignet sich als kleiner warmer Nachtisch oder als Süßspeise zum Abendessen oder auch zum Frühstück.

WÜRZIGE VIELFALT

Die osteuropäische Küche spiegelt auf einzigartige Weise die politischen, sozialen und wirtschaftlichen Einflüsse ihrer Region wider. Und obwohl die Gerichte je nach Region erheblich variieren, teilen sie doch eine Vorliebe für Teigwaren und Kartoffeln – und würzig sind sie alle.

Typischerweise ist die osteuropäische Hausmannskost gehaltvoll und reich an Kalorien, wobei weder an Fett noch an Salz gespart wird. Dennoch lohnt es sich auch für Liebhaber leichter Kost, dieser vielseitigen Küche eine Chance zu geben.

Die Osteuropäische Küche

KÜRBIS-HIRSE-AUFLAUF

60 MINUTEN 4 PORTIONEN (1 AUFLAUFFORM)

180 g Hirse
2 große Zwiebeln
4 Knoblauchzehen
600 g Kürbis, geputzt und entkernt
½ Handvoll frischer Dill
1 EL Pflanzenfett
(bevorzugt Kokosfett)
ca. 200 ml Gemüsebrühe
200 g pflanzliche Crème fraîche
(Mandel, Cashew)
100 g Pflanzenjoghurt
(Soja, Cashew, Kokos)
200 ml Sojadrink
2-3 EL Hefeflocken
1 Handvoll veganer Reibekäse
(optional)
Salz, Pfeffer

1. Die Hirse nach Packungsangabe in Salzwasser weich kochen. Danach abgießen und ausdampfen lassen.

2. Zwiebeln in grobe Würfel schneiden, Knoblauch grob hacken. Den Kürbis in 1–1,5 cm große Würfel schneiden. Den Dill fein hacken.

3. In einer großen Bratpfanne Zwiebeln und Knoblauch glasig dünsten. Die Kürbiswürfel hinzufügen und mit leichter Farbgebung 4–5 Minuten dünsten. Mit Gemüsebrühe aufgießen und einköcheln lassen. Vom Herd nehmen und die Hirse hinzufügen.

4. Crème fraîche, Pflanzenjogurt, Sojadrink, Hefeflocken, Dill und optional Käse hinzufügen und alles gut vermischen. Mit Salz und Pfeffer kräftig abschmecken und nochmals gut vermischen.

5. Die Masse in eine gefettete Auflaufform geben und bei 180 °C (Umluft) 30 Minuten backen. Aus dem Ofen nehmen, kurz ausdampfen lassen und heiß servieren.

SAUERKRAUTSUPPE

Zelňačka

50 MINUTEN

3-4 PORTIONEN

1 große Zwiebel
4-5 Kartoffeln
250 g rohes Sauerkraut
2 EL Pflanzenfett (bevorzugt Kokosfett)
2-3 TL Paprikapulver edelsüß
1 EL Kümmel
2 EL Dinkelmehl
800-900 ml Gemüsebrühe
1 TL Vollrohrzucker
1 Handvoll Petersilie
1 Frühlingszwiebel
1 Knoblauchzehe
2 EL pflanzliche Crème fraîche (Mandel, Cashew, Soja)
2 EL Kräuteressig
2 EL Rapsöl
Salz, Pfeffer

1. Die Zwiebel in kleine Würfel (Brunoise) schneiden. Die Kartoffeln in grobe Würfel schneiden. Das Sauerkraut mit dem Messer grob hacken.

2. Pflanzenfett in einem Topf erhitzen und die Zwiebelwürfel darin glasig dünsten. Paprika und Kümmel hinzufügen und kurz mitdünsten. Vom Herd nehmen, mit Dinkelmehl bestäuben und gut umrühren.

3. Mit Gemüsebrühe aufgießen und Zucker, Sauerkraut sowie Kartoffelwürfel hinzufügen, noch mal gut umrühren. Die Suppe für 25–30 Minuten zugedeckt unter gelegentlichem Rühren köcheln lassen, bis die Kartoffeln weich sind.

4. In der Zwischenzeit die Petersilie fein hacken. Die Frühlingszwiebel gut waschen und in sehr feine Scheiben schneiden. Den Knoblauch in eine kleine Schüssel pressen und die Crème fraîche hinzufügen. Mit der Petersilie, Frühlingszwiebel, Kräuteressig und Rapsöl vermischen. Mit etwas Salz und Pfeffer würzen.

5. Wenn die Kartoffeln gar sind, die Suppe mit Salz und Pfeffer abschmecken und heiß servieren. Mit Crème fraîche garnieren.

PILZSUPPE

Kulajda

50 MINUTEN

3-4 PORTIONEN

- 2 Handvoll getrocknete Steinpilze oder Pilze nach Wahl
- 6-7 festkochende Kartoffeln
- 2 EL Pflanzenfett (bevorzugt Kokosfett)
- 2 EL Dinkel- oder Weizenmehl
- ca. 800 ml Gemüsebrühe
- 2-3 EL Weißweinessig
- 2 Lorbeerblätter
- 3 Pimentkörner oder Wacholderbeeren, leicht zerdrückt
- 1 EL Vollrohrzucker
- ½ Bund frischer Dill
- 3-4 gehäufte EL pflanzliche Crème fraîche
- Zitronensaft (optional)
- 200 ml pflanzliche Sahne (Hafer, Soja, Mandel, Linse, Kokos)
- Salz, Pfeffer

1. Die getrockneten Pilze in eine Schüssel legen und mit kaltem Wasser übergießen, bis sie knapp bedeckt sind. Mindestes 15 Minuten einweichen lassen, optimalerweise 1–2 Stunden.

2. Die Kartoffeln in grobe Würfel schneiden. Die Pilze abgießen, dabei das Wasser auffangen. Die Pilze grob in Stücke schneiden.

3. Das Pflanzenfett in einem Topf zum Schmelzen bringen und das Mehl hinzufügen. Mit einem Schneebesen gut vermischen für eine schöne Mehlschwitze. Mit der Gemüsebrühe und dem Pilzwasser aufgießen.

4. Essig, Lorbeer, Piment und Zucker hinzufügen und aufkochen. Kartoffelwürfel und Pilze hinzufügen. Alles so lange leicht köcheln lassen, bis die Kartoffeln gar sind.

5. Währenddessen die Dillblättchen vom Stiel entfernen und grob hacken. Die Hälfte des Dills mit der Crème fraîche vermischen und nach Belieben würzen. Nach Geschmack kann ein Schuss Zitronensaft hinzugefügt werden.

6. Wenn die Kartoffeln gar sind, die Sahne und den gehackten Dill dazugeben und nochmals mit Salz und Pfeffer würzen. Gut umrühren. Beim Anrichten einen Löffel der Dill-Crème-fraîche in die Mitte geben.

KARTOFFELPUFFER AUF SPINAT

Bramboráky

45 MINUTEN

3-4 PORTIONEN

750 g festkochende Kartoffeln
4 Knoblauchzehen
120 ml Pflanzendrink
(Soja, Hafer, Cashew)
½ EL Backpulver
4-5 EL Dinkelmehl
4 EL Paniermehl
ca. 1 TL Salz
4 Majoranzweige
Pflanzenfett (bevorzugt Kokosfett)
1 Zwiebel
6-7 Handvoll frischer Blattspinat
Salz, Pfeffer, Muskatnuss

1. Die Kartoffeln mit einer groben Reibe in eine Schüssel raspeln, ganz leicht salzen, durchmischen und 10 Minuten ziehen lassen. Dann mit der Hand die Flüssigkeit auspressen.

2. Die Knoblauchzehen dazu pressen. Pflanzendrink einmal aufkochen und zu den Kartoffeln gießen.

3. Backpulver, Dinkelmehl, Paniermehl und ca. ½ TL Salz sowie etwas Muskat hinzufügen und vermischen.

4. Die Majoranblätter von den Stielen zupfen, fein hacken und zur Kartoffelmasse geben. Nochmals gut vermischen.

5. 1 EL Pflanzenfett in einer Bratpfanne erhitzen. 2–3 EL der Kartoffelmasse auf die Hand geben, eine Kugel formen und in die Bratpfanne legen. Etwas flach drücken und beidseitig bei geringer Hitze goldbraun ausbacken. Die fertigen Puffer können im Ofen bei 80–100 °C warm gehalten werden.

6. Die Zwiebel in kleine Würfel schneiden. In einem Topf oder Wok mit etwas Pflanzenfett glasig dünsten. Den Spinat hinzufügen und mehrmals umrühren, bis er zerfällt. Mit Salz und Pfeffer würzen und mit den Kartoffelpuffern servieren.

UNGARN

KOHLROULADE mit Sauerkraut

60 MINUTEN

3-4 PORTIONEN

- ca. 140 g Wildreis-Mix oder Langkornreis parboiled
- 1-2 große Weißkohlköpfe
- 2 Zwiebeln
- 2 Knoblauch
- 1 Karotte
- 150 g Knollensellerie
- ½ Handvoll Cashewkerne
- ½ Handvoll Walnüsse
- Pflanzenfett (bevorzugt Kokosfett)
- 2-3 EL Paprikapulver
- 1 Handvoll frische Petersilie
- 500 g Sauerkraut, gekocht
- 2-3 Lorbeerblätter
- 300-400 ml Gemüsebrühe
- 100 g pflanzlicher Sauerrahm oder Crème fraîche (Mandel, Soja) oder Haferjogurt
- Zitronensaft
- Salz, Pfeffer

1. Ein Topf mit Wasser zum Kochen bringen. Leicht salzen und den Reis darin nach Packungsangaben (ca. 20 Minuten) kochen. Wenn der Reis gar ist, abgießen und auskühlen lassen.

2. Einen weiteren Topf mit Wasser zum Kochen bringen. Währenddessen den Strunk des Weißkohls etwas zurückschneiden und die Blätter vorsichtig vom Kohl lösen. Hier ist etwas Fingerspitzengefühl gefragt, da die Blätter ansonsten reißen. Sobald die Blätter zu klein werden, um sie zu füllen, den restlichen Kohl für eine andere Verwendung aufbewahren – etwa für Kohlsalat oder Eintopf. Die Blätter nun im leicht kochenden Wasser für ca. 10 Minuten köcheln lassen. Danach abgießen und in Eiswasser abkühlen.

3. Zwiebeln und Knoblauch fein würfeln, Karotte und Knollensellerie ebenfalls in kleine Würfel schneiden. Cashews und Walnüsse fein hacken.

4. In einer Bratpfanne 1 EL Pflanzenfett erhitzen und Zwiebeln, Knoblauch, Karotten und Sellerie darin glasig dünsten. Den Reis sowie die gehackten Nüsse hinzufügen und schwenken. Nun 1 EL Paprikapulver hinzufügen, mit Salz und Pfeffer würzen, gut vermischen und vom Herd nehmen. Die Hälfte der Petersilienblätter grob hacken und zum Reis in die Pfanne geben. Nochmals gut vermischen.

5. Die einzelnen Kohlblätter mit 1-2 gehäuften EL Reisgemüse füllen. Die Seiten einklappen und langsam zusammenrollen und auf einen Teller legen.

6. Das Sauerkraut in einen Topf geben, 1-2 EL Paprikapulver, Lorbeerblätter und 300 ml Gemüsebrühe dazugeben und gut verrühren.

7. Die gefüllten Krautblätter auf das Sauerkraut legen und den Topf langsam erhitzen. Den Deckel auf den Topf legen und 20–30 Minuten dämpfen. Immer wieder kontrollieren, dass genug Flüssigkeit im Topf ist und nichts anbrennt, ansonsten mit etwas Brühe auffüllen.

8. Inzwischen die restlichen Petersilienblätter fein hacken und zum Sauerrahm bzw. zur Crème fraîche oder dem Joghurt geben. Mit Salz, Pfeffer und etwas Zitronensaft würzen.

9. Die fertigen Kohlrouladen herausnehmen. Das Sauerkraut nochmals gut umrühren, abschmecken und gemeinsam mit den Kohlrouladen servieren. Die Petersilien-Zitronen-Sauce dazu servieren.

KARTOFFEL-GEMÜSE-SALAT

Sałatka jarzynowa

30 MINUTEN

3-4 PORTIONEN

70 g Cashewkerne
2 Karotten
200 g Knollensellerie
3-4 festkochende Kartoffeln
150 g grüne Erbsen (TK)
5-6 Essiggurken
1 süß-säuerlicher Apfel
(z. B. Elstar, Gravensteiner, Gala)
1 Dose Mais (ca. 150 g)
70 ml Pflanzendrink
(Soja, Hafer, Cashew)
1 EL Kräuteressig
2 EL milder Senf
4-5 EL Sud von den Essiggurken
½ Handvoll Petersilie
Meersalz, Pfeffer

1. Die Cashews 15-30 Minuten in lauwarmes Wasser legen. Einen Topf mit Wasser zum Kochen bringen und leicht salzen. Währenddessen Karotten, Knollensellerie und Kartoffeln in 5-6 mm große Würfel schneiden.

2. Die Würfel ins kochende Wasser geben und ca. 10 Minuten kochen. Sie sollen noch leicht Biss haben. In den letzten Minuten die Erbsen hinzufügen und noch 2 Minuten köcheln lassen. Abgießen und mit kaltem Wasser abschrecken, bis das Gemüse kalt ist, oder in Eiswasser schütten. Anschließend gut abtropfen lassen.

3. Die Essiggurken und den Apfel ebenfalls in kleine Würfel schneiden. Das gekochte Gemüse mit den Gurken- und Apfelwürfeln in eine Schüssel geben und den Mais hinzufügen.

4. Die Cashews abgießen und im Mixer mit Pflanzendrink, Kräuteressig, Salz und Pfeffer so lange mixen, bis eine feine Creme entsteht.

5. Cashewcreme, Senf und Essiggurkensud in die Schüssel zum Gemüse geben. Alles gut vermischen und nochmals mit Salz und Pfeffer würzen.

6. Die Petersilie fein hacken und hinzufügen. Nochmals vermischen und 15 Minuten ziehen lassen. Servieren.

GURKENSALAT mit Walnüssen und Dill

Snezhanka

30 MINUTEN

3-4 PORTIONEN

2 mittelgroße Gurken
3-4 Knoblauchzehen
1 Bund frischer Dill
Petersilie & Kerbel (optional)
2 Handvoll Walnüsse
600 g Pflanzenjoghurt
(Skyr; stichfester Joghurt)
4-5 EL Oliven-
oder Sonnenblumenöl
Steinsalz, Pfeffer

1. Die Gurken der Länge nach vierteln und die Kerne auskratzen. Die Gurke in kleine Stücke schneiden und mit etwas Salz in eine Schüssel geben. Gut vermischen und 15 Minuten stehen lassen. Das gezogene Gurkenwasser abgießen.

2. Die Knoblauchzehen zu den Gurken pressen. Den Dill samt den Stielen fein hacken und hinzufügen. Die Walnüsse ganz oder grob gehackt ebenfalls hinzufügen.

3. Den Joghurt und das Olivenöl dazugeben, mit Salz und Pfeffer würzen und gut verrühren. Den Salat mit frischem Brot und nach Belieben mit etwas Ajvar servieren.

PILZ-PFANNKUCHEN mit Gurkensalat

45 MINUTEN **3-4 PORTIONEN**

1 Frühlingszwiebel
200-250 g frische Pilze nach Wahl
Pflanzenfett (bevorzugt Kokosfett)
150 g pflanzliche Crème fraîche oder Pflanzenjoghurt
250 g Weizen- oder helles Dinkelmehl plus mehr für die Panade
350 ml Pflanzendrink (Soja, Hafer)
½ TL Salz
50-100 ml Mineralwasser mit Kohlensäure
½ TL Kurkuma, gemahlen
Paniermehl
Salz, Pfeffer

Für den Salat
1 große Salatgurke
1 mittelgroße rote Zwiebel
1 Bund Schnittlauch
3-4 EL Kräuteressig
5-6 EL Olivenöl
Salz, Pfeffer

1. Das Weiß der Frühlingszwiebel fein schneiden oder hacken. Das Grün in feine Scheiben schneiden. Die Pilze in kleine Würfel schneiden oder hacken.

2. Etwas Pflanzenfett in einer Bratpfanne erhitzen und das Weiß der Frühlingszwiebel glasig dünsten. Die Pilze hinzufügen und 5-6 Minuten mitdünsten. Das Grün hinzufügen und mit Salz und Pfeffer würzen. Beiseitestellen, auskühlen lassen und dann die Crème fraîche oder den Joghurt hinzufügen. Gut vermischen.

3. Mehl, Pflanzendrink, Salz, Mineralwasser und Kurkuma in eine Schüssel geben und mit einem Rührbesen gut vermischen. Der Teig sollte nicht zu dick und nicht zu wässerig sein. Gegebenenfalls etwas mehr Mehl oder Flüssigkeit hinzufügen.

4. Nun eine Bratpfanne mit etwas Pflanzenfett erhitzen und einen zu zwei Dritteln mit dem Teig gefüllten Suppenschöpflöffel in die Pfanne geben. Die Pfanne nach allen Seiten kurz schwenken, damit sich der Teig schön verteilen kann. Beidseitig goldbraun ausbacken und die einzelnen Pfannkuchen auf einem Teller stapeln.

5. Jeweils 1 EL der Pilzmasse in die Mitte der Pfannkuchen geben und dünn verteilen. Die Seiten leicht einklappen und die Pfannkuchen fest einrollen.

6. Etwas Mehl mit etwas Wasser in einem tiefen Teller gut vermischen und auf einem anderen Teller das Paniermehl großzügig verteilen. Die gerollten Pfannkuchen einmal im Mehlwasser wenden und dann durch das Paniermehl rollen. In einer Bratpfanne mit etwas Pflanzenfett die Pfannkuchenrollen rundherum ausbacken.

7. Für den Salat die Gurke in dünne Scheiben schneiden. Die Zwiebel halbieren und in dünne Streifen schneiden. Den Schnittlauch fein schneiden. Alles gemeinsam mit Essig, Öl, Salz und Pfeffer in einer Schüssel vermischen und zu den Pfannkuchenrollen servieren.

KALTE ROTE-BETE-SUPPE
mit Dillkartoffeln

40 MINUTEN **3-4 PORTIONEN**

500 g Rote Bete, gekocht
1/3 Salatgurke
1 Frühlingszwiebel
60 g weißer Rettich
1 Bund frischer Dill
etwas frischer Meerrettich
400 g Pflanzenjoghurt (am besten Soja)
ca. 200 ml Pflanzendrink
400 g festkochende Kartoffeln
1 EL Kokosfett
Rote-Bete-Sprossen zum Garnieren (alternativ andere Sprossen oder Kresse)
Salz, Pfeffer

1. Die Rote Bete in 5–7 mm große Würfel schneiden. Die Gurke der Länge nach vierteln oder achteln und ebenfalls in kleine Stücke schneiden. Das Weiß der Frühlingszwiebel in feine Würfel und das Grün in dünne Streifen schneiden. Den Rettich grob reiben. Alles in eine Schüssel geben.

2. Den Dill fein hacken (ein paar Blätter für die Garnitur aufbewahren) und die Hälfte davon in die Schüssel geben. Etwas Meerrettich fein dazu reiben. Pflanzenjoghurt und Pflanzendrink hinzufügen und alles gut vermischen. Bei Bedarf etwas mehr Flüssigkeit hinzufügen. Die Suppe sollte weder zu flüssig noch zu dick sein. Mit Salz und Pfeffer würzen und 30–45 Minuten stehen lassen, damit sich die Aromen entfalten können.

3. Inzwischen die Kartoffeln schälen, in grobe Würfel schneiden und in Salzwasser weich kochen. Sind die Kartoffelwürfel gar, abgießen, zurück in den Topf geben, etwas Pflanzenfett und die andere Hälfte des Dills hinzufügen, mit Salz würzen, gut vermischen und als Beilage zur Suppe servieren. Mit Sprossen und Dill ausgarnieren.

LETTLAND

KARTOFFEL-KAROTTEN-KÜCHLEIN

Sklandu Rauši

60 MINUTEN   CA. 6 STÜCK

Für den Teig
350 g Roggenmehl
2-3 EL Dinkelmehl
3 EL Olivenöl
1 EL Vollrohrzucker
1-2 TL Salz

Für die Füllung
300 g Karotten
300 g mehligkochende Kartoffeln
½ Lauchstange
1 EL Pflanzenfett (bevorzugt Kokosfett)
1 Bund Schnittlauch
ca. 500 ml Pflanzendrink
250 g pflanzliche Crème fraîche
1 EL Vollrohrzucker
Salz, Pfeffer

1. Roggenmehl, Dinkelmehl, Olivenöl, Zucker, Salz und ca. 150 ml Wasser in eine Schüssel geben und das Ganze zu einem geschmeidigen Teig verarbeiten. Der Teig sollte nicht mehr an den Fingern kleben. Den Teig abgedeckt 20–30 Minuten ruhen lassen.

2. Karotten und Kartoffeln in grobe Stücke schneiden und in Salzwasser weich kochen. Abgießen und ausdampfen lassen. Zu Püree verarbeiten.

3. Den Lauch längs vierteln und in kleine Stücke schneiden. Die Lauchstücke im Pflanzenfett 5–6 Minuten dünsten und zum Püree geben. Den Schnittlauch fein schneiden und die Hälfte ebenfalls unterrühren. Auch Pflanzendrink, 150 g Crème fraîche und Zucker dazugeben, mit Salz und Pfeffer würzen und gut vermischen. Achtung, den Pflanzendrink nur allmählich dazugeben – je nach Kartoffelsorte wird mehr oder weniger davon benötigt!

4. Die restliche Crème fraîche mit der anderen Hälfte des Schnittlauchs vermischen und mit Salz und Pfeffer würzen. Beiseitestellen.

5. Den Teig auf einer mit Mehl bestäubten Arbeitsfläche ca. 4 mm dick ausrollen. Z. B. mit einer kleinen Salatschüssel ca. 12 cm große Kreise ausstechen. Diese auf ein Blech mit Backpapier legen und die Seiten ca. 1–1,5 cm hoch einfalten, sodass kleine Küchlein entstehen.

6. Die Küchlein mit der Karotten-Kartoffel-Masse füllen und glatt streichen. Im Ofen bei 190 °C (Umluft) 25–30 Minuten backen. Mit der Crème fraîche servieren.

KARTOFFELSALAT
mit saurer Gurke und Karotten

30 MINUTEN

3-4 PORTIONEN

6-7 mittelgroße festkochende Kartoffeln
2-3 Karotten
½ Salatgurke
1 süßlicher Apfel
2 Frühlingszwiebeln
4-5 Essiggurken
1 Handvoll Petersilie
100-120 ml Essiggurkensud
3 EL Crème fraîche (Mandel, Soja)
3 EL vegane Mayonnaise
Salz, Pfeffer

1. Kartoffeln und Karotten in 1 cm große Würfel schneiden und in Salzwasser weich kochen. Abgießen und etwas ausdampfen lassen.

2. Inzwischen die Salatgurke vierteln, entkernen und in 1 cm große Würfel schneiden. Den Apfel halbieren, entkernen und in 5-7 mm große Würfel schneiden. Die Frühlingszwiebeln fein schneiden. Die Gewürzgurken ebenfalls in 5-7mm große Würfel schneiden. Die Petersilienblätter fein hacken. Alles in eine Schüssel geben.

3. In einer kleinen Schale Essiggurkensud, Crème fraîche und Mayonnaise mit etwas Salz und Pfeffer zu einer Sauce mischen. Sie sollte etwas dicker sein. Nun die Sauce zum Gemüse geben, gut vermischen und 15 Minuten ziehen lassen.

4. Nochmals gut umrühren. Wenn nötig, mit Salz und Pfeffer nachwürzen und servieren.

BROTTEIGTASCHEN mit Kartoffelfüllung

60 MINUTEN   CA. 6 STÜCK

400 g mehligkochende Kartoffeln
500 g Dinkelmehl
½ TL Backpulver
3 EL Sonnenblumenöl
½ TL Salz
½ Handvoll frische Petersilie
½ Handvoll frischer Liebstöckel
½ Bund Schnittlauch
200 g pflanzliche Crème fraîche oder Pflanzenjoghurt
Salz, Pfeffer, Muskatnuss

1. Die Kartoffeln in grobe Stücke schneiden und in Salzwasser so lange köcheln lassen, bis sie weich sind.

2. Mehl, 200–300 ml lauwarmes Wasser, Backpulver, Sonnenblumenöl und Salz in eine Schüssel geben und von Hand oder mit der Maschine zu einem Teig verarbeiten. Der Teig sollte am Ende nicht mehr an den Händen kleben bleiben. Den Teig zugedeckt 30–45 Minuten ruhen lassen.

3. Die Kartoffeln abgießen und etwas ausdampfen lassen. Petersilie und Liebstöckel fein hacken und Schnittlauch fein schneiden. Die Kartoffeln mit einem Kartoffelstampfer oder einer Gabel zerdrücken. Crème fraîche und die Kräuter hinzufügen, mit Salz, Pfeffer und Muskat würzen und alles gut vermischen.

4. Nun den Teig in sechs Portionen teilen. Die Teile gleichmäßig möglichst rund und dünn ausrollen. In die Mitte 2 EL der Kartoffelmasse geben. Mit einem Messer achtmal in etwa gleichem Abstand rund um den Teig von außen nach innen zur Masse hin einschneiden. Den ersten Teiglappen über die Kartoffelmasse falten. Die sieben weiteren gleichermaßen einfalten. Damit sie in der Mitte aufeinanderkleben, die einzelnen Oberflächen mit ein wenig Wasser bepinseln.

5. Auf ein Blech mit Backpapier legen und bei 210 °C in 25–35 Minuten knusprig backen.

Tipp: **Die Teigtaschen passen gut zu einer bunten Schüssel Salat oder Gemüse. Man kann sie auch einfach als Vorspeise oder Snack reichen.**

UKRAINE

WIRSINGTASCHEN

Holubtsi

90 MINUTEN

2-3 PORTIONEN

1 großer Wirsingkopf (alternativ Weißkohl)
120 g Buchweizen
60 g braune Linsen
2 festkochende Kartoffeln
1 Zwiebel
1 Karotte
2 Tomaten
Pflanzenfett (bevorzugt Kokosfett)
1 EL Tomatenmark
200–250 ml Gemüsebrühe
½ Bund frischer Dill
½ Bund frische Petersilie
200 g pflanzliche Crème fraîche (alternativ Pflanzenjoghurt)
ca. 200 ml Gemüsebrühe
Salz, Pfeffer

1. Die Wirsingblätter vorsichtig vom Strunk lösen und möglichst im Ganzen abziehen. In einem Topf die Blätter für etwa 7–10 Minuten abkochen. Danach in kaltem Wasser abschrecken, auskühlen und auf einem Tuch oder Küchenpapier abtropfen lassen.

2. Die Buchweizen und die Linsen separat nach Packungsangabe in Salzwasser gar kochen. Währenddessen die Kartoffeln grob reiben, mit etwas Salz bestreuen und vermischen. In einer kleinen Schüssel beiseitelegen und ziehen lassen.

3. Zwiebel und Karotte in kleine Würfel schneiden. Den Strunk der Tomaten entfernen und die Tomaten in kleine Stücke schneiden. In einer Bratpfanne etwas Pflanzenfett erhitzen und die Zwiebeln gemeinsam mit den Karotten in 5–6 Minuten glasig dünsten. Das Tomatenmark hinzufügen und 1–2 Minuten mitdünsten. Die Tomatenwürfel dazugeben und alles für 3–4 Minuten köcheln lassen. Mit ca. 150 ml Gemüsebrühe aufgießen und nochmals ein paar Minuten köcheln lassen. Nun ein Drittel der Sauce abgießen und beiseitestellen.

4. Wenn Buchweizen und Linsen gar sind, abgießen und ausdampfen lassen. Zu den zwei Dritteln der Sauce in der Pfanne geben.

5. Aus den Kartoffeln das Wasser mit der Hand auspressen. Mit in die Pfanne geben und gut umrühren. Dill und Petersilie grob hacken und dazugeben. 150 g Crème fraîche zur Masse geben und mit Salz und Pfeffer kräftig würzen. Alles gut vermischen.

6. Zum Füllen der Blätter ein Blatt auf die Arbeitsfläche legen und 1 gehäuften EL Füllung darauf geben. Die Seiten einklappen und das Blatt von unten aufrollen. Alle Blätter füllen und in eine eingefettete Backform legen. Wenn Füllung übrig ist, diese warm dazu servieren.

7. Das beiseite gestellte Drittel der Sauce mit etwas Gemüsebrühe auffüllen und alles erwärmen. Die restliche Crème fraîche dazugeben und mit Salz und Pfeffer würzen.

8. Die Sauce gleichmäßig über die Kohlrouladen gießen. Bei 180 °C (Umluft) ca. 45 Minuten backen. Aus dem Ofen nehmen, kurz ausdampfen lassen und servieren.

UKRAINE

TEIGTASCHEN mit Sauerkrautfüllung

Wareneki

60 MINUTEN

CA. 4 PORTIONEN

Für den Teig
225 g Weizenmehl plus mehr zum Arbeiten
225 g Hartweizengrieß
½ TL Salz
ca. 150 ml Wasser oder Pflanzendrink
2–3 EL Sonnenblumenöl
½ TL Kurkuma, gemahlen

Für die Füllung
200 g mehligkochende Kartoffeln
1 Handvoll Petersilie
1 Zwiebel, geschält
4–5 Knoblauchzehen geschält
150 g Sauerkraut, gekocht
1 EL Pflanzenfett (bevorzugt Kokosfett)
1 TL Kümmel, grob gemahlen
100 g pflanzlicher Frischkäse
1 TL milder Senf
3–4 EL Olivenöl
3–4 Thymianzweige
Salz, Pfeffer, Muskatnuss

1. Für den Teig Mehl, Grieß, Salz, Wasser oder Pflanzendrink, Sonnenblumenöl und Kurkuma in eine Schüssel geben und zu einem geschmeidigen Teig verarbeiten. Abdecken und mindestens 30 Minuten ruhen lassen.

2. Die Kartoffeln in grobe Würfel schneiden und in Salzwasser weich kochen. Abgießen und ausdampfen lassen. Zu Püree verarbeiten und beiseitestellen.

3. Die Petersilie samt Stiel fein hacken. Zwiebel und 2 Knoblauchzehen in feine Würfel (Brunoise) schneiden. Das Sauerkraut grob hacken. Zwiebel und Knoblauch in einem Topf mit etwas Pflanzenfett glasig dünsten. Den Kümmel dazugeben und 2–3 Minuten mitdünsten. Vom Herd nehmen und Sauerkraut sowie Kartoffelpüree dazugeben.

4. Frischkäse, zwei Drittel der Petersilie und den Senf hinzufügen, mit Salz, Pfeffer und Muskat würzen und alles gut vermischen.

5. Den Teig möglichst dünn auf einer leicht mit Mehl bestäubten Oberfläche ausrollen und mit einem Ausstecher (ca. 9 cm) Kreise ausstechen. Ca. 1 EL der Masse in die Mitte geben und den Rand mit etwas Wasser bepinseln. Die eine Hälfte über die andere falten und gut andrücken. Die fertigen Teigtaschen auf ein Blech mit Backpapier legen. Die Teigreste wieder zu einer Kugel kneten, erneut ausrollen und erneut Teigtaschen ausstechen, füllen und formen, bis keine Kartoffelmasse mehr da ist. Die Teigtaschen in Wasser kochen, bis sie oben schwimmen.

6. Währenddessen die restlichen Knoblauchzehen in dünne Scheiben schneiden und im Olivenöl knusprig ausbacken. Vom Herd nehmen und die restliche gehackte Petersilie sowie die gezupften Thymianblätter hinzufügen.

7. Die Teigtaschen anrichten und mit dem Knoblauch-Kräuter-Öl beträufeln.

SÜSSE KARTOFFELKNÖDEL mit Pflaumen

45 MINUTEN **3-4 PORTIONEN**

400 g frische Pflaumen
2 EL Dattelsirup
2 Zimtstangen
1 Vanilleschote
600 g mehligkochende Kartoffeln
ca. 250 g Weizenmehl
½ TL Salz
½ Handvoll Walnüsse
½ Handvoll Haselnüsse
3 EL Mohnsamen
Vollrohrzucker
Puderzucker

1. Die Pflaumen halbieren und entkernen. In ein Topf geben, wenig Wasser hinzufügen und Dattelsirup, Zimtstangen und die ausgekratzte Vanilleschote samt Mark hineingeben. Langsam erhitzen und bei mittlerer Hitze unter gelegentlichem Rühren köcheln lassen, bis die Pflaumen beinahe zerfallen. Bei Bedarf etwas Wasser nachgießen. Sind die Pflaumen weich, das Pflaumenkompott in einen kalten Teller geben und etwas auskühlen lassen.

2. Inzwischen die Kartoffeln samt Schale in Wasser weich kochen. Danach kurz etwas ausdampfen lassen und mit einem Messer vorsichtig schälen. Durch eine Kartoffelpresse in eine Schüssel pressen oder mit einem Kartoffelstampfer zerstampfen. Mehl und Salz hinzuzufügen und zu einem geschmeidigen Teig verarbeiten. Der Teig sollte nicht mehr an den Händen kleben. Je nach Kartoffelsorte kann es sein, dass etwas mehr Mehl benötigt wird.

3. Nun die Nüsse grob hacken und in einer Bratpfanne gemeinsam mit den Mohnsamen anrösten. Auf einen Teller geben und auskühlen lassen. Dann etwas Vollrohrzucker hinzufügen und gut vermischen.

4. Die Kartoffelmasse zu mittelgroßen Knödeln formen. Die Kugel in der Hand etwas flach drücken und eine weich gekochte Pflaumenhälfte in die Mitte legen. Vorsichtig die Kugel wieder schließen und rund formen. Die Pflaumenknödel im leicht siedenden Wasser so lange köcheln lassen, bis sie oben schwimmen. Dann aus dem Wasser nehmen und kurz ausdampfen lassen.

5. Die Knödel in der Nuss-Mohn-Mischung wälzen, auf einem Teller anrichten und mit Puderzucker oder fein gemahlenem Vollrohrzucker bestäuben. Das restliche Kompott dazu servieren.

Die Mitteleuropäische Küche

KULINARISCHER KREUZUNGS-PUNKT

In Mitteleuropa vereint sich geschickt das Beste aus den verschiedensten Teilen Europas. Hier findet man die reichhaltigen, kalorienreiche Gerichte, in denen Kartoffeln und Brot nicht fehlen dürfen. Gleichzeitig weht ein Hauch des Südens durch die Küchen und die Speisen werden veredelt mit Zitrusfrüchten, einer Vielfalt an Kräutern sowie Gemüse- und Obstsorten aus südlicheren Gefilden, die für einzigartige Geschmackskombinationen sorgen. Mitteleuropa bietet eine kulinarische Vielfalt, die für jeden Geschmack etwas zu bieten hat.

APPENZELLER HAFER-LAUCH-SUPPE

30 MINUTEN **3-4 PORTIONEN**

1 große Zwiebel
1 Lauchstange
Pflanzenfett (bevorzugt Kokosfett)
120 g feine Haferflocken
1-2 EL Dinkelmehl
900-1000 ml Gemüsebrühe
1 kleines Bund Schnittlauch
150 ml pflanzliche Sahne
(Soja, Cashew, Hafer, Kokos)
Salz, Pfeffer, Muskatnuss

1. Die Zwiebel in feine Würfel schneiden. Die Lauchstange längs vierteln und dann in feine Streifen schneiden.
2. Pflanzenfett in einem Topf erhitzen und die Zwiebelwürfel gemeinsam mit den Lauchstreifen glasig dünsten. Haferflocken und Dinkelmehl hinzufügen und 1-2 Minuten unter Rühren mitdünsten.
3. Mit der Gemüsebrühe aufgießen und für 10-15 Minuten leicht köcheln lassen. Bei Bedarf etwas Brühe nachgießen.
4. Währenddessen den Schnittlauch fein schneiden und zusammen mit der Sahne unterrühren (wenige Röllchen zur Dekoration aufbewahren). Die Suppe mit Salz, Pfeffer und etwas geriebenem Muskat abschmecken.
5. In tiefen Tellern anrichten und mit etwas Schnittlauch garnieren.

DÖRRBOHNENSALAT

45 MINUTEN | 3-4 PORTIONEN

200 g Dörrbohnen
1 Handvoll Haselnüsse
1 große rote Zwiebel
1 Rosmarinzweig
1 Handvoll krause Petersilie
Pflanzenfett (bevorzugt Kokosfett)
1-2 EL milder Senf
6-7 EL Rotweinessig
150 ml Gemüsebrühe
1 EL Vollrohrzucker
7-8 EL Raps- oder Olivenöl
Salz, Pfeffer

1. Einen Topf mit Wasser zum Kochen bringen. Leicht salzen und die Dörrbohnen darin nach Packungsangabe kochen (ca. 25 Minuten).

2. In einer Bratpfanne die ganzen Haselnüsse rösten und auf einem Teller mit ein paar Stück Küchenrolle auskühlen lassen.

3. Die Zwiebel in feine Würfel schneiden. Die Rosmarinblätter vom Stiel zupfen und ganz fein hacken. Die Petersilie grob hacken.

4. Nach der Kochzeit die Dörrbohnen abgießen und abtropfen lassen. In einer Bratpfanne die Zwiebeln in Pflanzenfett glasig dünsten. Die Dörrbohnen hinzugeben und 1 Minute mitdünsten. Den Senf dazugeben und gut vermischen. Mit Rotweinessig ablöschen und kurz einköcheln lassen. Mit Gemüsebrühe aufgießen, Rosmarin und Zucker dazugeben. So lange köcheln lassen, bis die Brühe fast eingekocht ist. Alles in eine Schüssel geben und etwas auskühlen lassen.

5. Die Haselnüsse grob hacken. Wenn der Salat noch leicht lauwarm ist, die gehackte Petersilie und das Raps- oder Olivenöl sowie die Haselnüsse hinzugeben. Mit Salz und Pfeffer würzen, gut vermischen und lauwarm servieren.

LAUWARMER KAROTTEN-SALAT NACH BAUERNART

30 MINUTEN

3-4 PORTIONEN

800 g Karotten
1 Bund Schnittlauch
3 große Schalotten
4 EL Sonnenblumenöl
3 EL pflanzliche Mayonnaise (Rezept S. 14)
1-2 EL Senf
1-2 EL Agavendicksaft
6-7 EL naturtrüber Apfelessig
Salz, Pfeffer

1. Einen Topf mit Wasser zum Kochen bringen und leicht salzen. Die Karotten in 3-4mm dicke Scheiben schneiden. Ins Wasser geben und so lange köcheln, bis sie gar sind, aber noch leicht Biss haben.

2. Inzwischen den Schnittlauch fein schneiden und beiseitelegen. Die Schalotten in feine Würfel (Brunoise) schneiden.

3. Sonnenblumenöl, Mayonnaise, Senf, Agavendicksaft und Essig in eine Schüssel geben und mit einem Schneebesen verrühren. Mit Salz und Pfeffer würzen und je nach Bedarf noch etwas mehr Essig oder Öl hinzufügen.

4. Die gegarten Karotten abgießen und 2-3 Minuten ausdampfen lassen. Die noch warmen Karotten zur Sauce in der Schüssel geben und gut vermischen. Zum Schluss den Schnittlauch und die Schalotten hinzufügen, nochmals mischen und 5 Minuten ziehen lassen. Lauwarm servieren.

BUCHWEIZEN mit Kartoffeln und Salbei

45 MINUTEN **3-4 PORTIONEN**

180 g Buchweizen
1 Lauchstange
1 Frühlingszwiebel
3 Knoblauchzehen
200 g festkochende Kartoffeln
einige Salbeiblätter
Pflanzenfett (bevorzugt Kokosfett)
150 ml Weißwein
500–600 ml Gemüsebrühe
4–5 EL pflanzliche Crème fraîche
Salz, Pfeffer

1. Buchweizen in einem Topf mit Salzwasser ca. 15 Minuten kochen – er soll noch leicht Biss haben. Abgießen und ausdampfen lassen.

2. Den Lauch halbieren und in feine Streifen schneiden. Das Weiß der Frühlingszwiebel vom Grün trennen und fein schneiden. Das Grün in feine Streifen schneiden und beiseitelegen. Die Knoblauchzehen in kleine Würfel schneiden oder hacken. Die Kartoffeln in 0,5 cm große Würfel schneiden, die Salbeiblätter grob hacken.

3. In einer Bratpfanne etwas Pflanzenfett erhitzen und den Lauch sowie das Weiß der Frühlingszwiebel mit leichter Farbgebung anbraten. Kartoffeln und Salbei hinzufügen (etwas Salbei zum Garnieren aufbewahren) und kurz mitbraten. Mit Weißwein ablöschen und einköcheln lassen. Mit Gemüsebrühe aufgießen und so lange unter gelegentlichem Rühren köcheln, bis die Kartoffeln weich sind. Bei Bedarf etwas Brühe nachgießen.

4. Nun den gekochten Buchweizen hinzufügen, alles gut vermischen und nochmals erhitzen. Gegebenenfalls noch etwas Brühe hinzufügen. Mit Salz und Pfeffer würzen und die Crème fraîche hinzufügen.

5. Das Grün der Frühlingszwiebel hinzufügen (etwas zum Garnieren aufbewahren), einmal kurz schwenken und anrichten. Mit Salbei und Frühlingszwiebel ausgarnieren und heiß servieren.

CHNÖPFLI
mit Rotkraut und Pilzsauce

90 MINUTEN 3-4 PORTIONEN

Für den Chnöpfliteig
250 g Weizenmehl
250 g Hartweizengrieß, fein gemahlen
2-3 EL flüssige Pflanzenmargarine oder Sonnenblumenöl
ca. 120 ml Pflanzendrink (Soja, Hafer)
ca. ½ TL Kurkuma, gemahlen
1 TL Kala Namak (indisches »schwarzes Salz« mit leichtem Schwefel-/Eigeschmack; optional)
Pflanzenfett, Muskat, Salz, Pfeffer

Für den Rotkohl
1 große Zwiebel
650 g Rotkohl
1 süßer Apfel
Pflanzenfett
200-300 ml Rotwein
Saft von 2 Orangen
400-500 ml Gemüsebrühe
1-2 Zimtstangen
3 Sternanis
2 Gewürznelken
1-2 EL Vollrohrzucker
Salz

Für die Pilzsauce
1 Handvoll frische Champignons (150 g)
½ Handvoll glatte Petersilie
Pflanzenfett
100 ml Weißwein
200-300 ml pflanzliche Sahne (Soja, Hafer, Cashew)
1 EL Cashew- oder Nussmus

1. Für den Chnöpfliteig alle Zutaten bis einschl. Kala Namak mit 120 ml Wasser in eine Schüssel geben und von Hand oder mit einer Küchenmaschine zu einer klebrigen Masse verarbeiten. Den Teig 30 Minuten stehen lassen und anschließend nochmals umrühren.

2. Einen großen Topf mit leicht gesalzenem Wasser aufkochen und dann auf kleine Stufe stellen. Ein Chnöpfli- bzw. Spätzlesieb auf den Topf stellen und mit einer Teigkarte nach und nach den Teig durchpressen. Die Chnöpfli sind gar, wenn sie auf dem Wasser schwimmen. Abschöpfen und kurz ausdampfen lassen und den Prozess wiederholen, bis der Teig verarbeitet ist.

3. Eine Bratpfanne mit etwas Pflanzenfett erhitzen und die Chnöpfli darin mit Farbgebung anbraten. Mit Salz, Pfeffer und etwas Muskat würzen.

4. Für den Rotkohl die Zwiebel halbieren und in feine Streifen schneiden. Den Rotkohl halbieren, den Strunk entfernen, nochmals halbieren oder dritteln und in ganz feine Streifen schneiden. Den Apfel grob raspeln.

5. 2 EL Pflanzenfett in einem Topf erhitzen und die Zwiebel glasig dünsten. Die Rotkohlstreifen hinzufügen und 4-5 Minuten mitdünsten.

6. Den Apfel hinzugeben und mit Rotwein ablöschen, kurz einköcheln lassen. Orangensaft und die Gemüsebrühe angießen. Zimtstange, Sternanis, Nelken und Zucker ebenfalls hinzufügen und alles zum Kochen bringen. Mindestens 30–40 Minuten unter gelegentlichem Rühren köcheln lassen, bis der Rotkohl schön weich ist. Bei Bedarf etwas mehr Brühe hinzufügen. Zum Schluss mit Salz abschmecken und die Zimtstange, den Sternanis und die Nelken entfernen.

7. Für die Champignonsauce die Pilze vierteln und die Petersilienblätter fein hacken. Eine Bratpfanne mit etwas Pflanzenfett erhitzen und die Champignons scharf anbraten. Mit Weißwein ablöschen und etwas einköcheln lassen. Mit Sahne aufgießen und aufkochen. Das Cashewmus dazugeben und gut einrühren. Ist die Sauce etwas zu dünn, noch etwas Mus hinzugeben, ist sie zu dick, etwas Gemüsebrühe zugießen.

8. Die gehackte Petersilie am Schluss hinzufügen und die Sauce mit Salz und Pfeffer würzen.

Tipps: **Am besten gelingt der Rotkohl, wenn man ihn bis zu 60 Minuten schmort oder sogar am Vortag zubereitet und am nächsten Tag aufwärmt.**
Statt Weizenmehl und Hartweizengrieß insgesamt 400 g Chnöpfli-Mehlmischung verwenden.

Obwohl viele Gletscher der Alpen immer mehr zurückgehen, scheint zumindest der Aletschgletscher im Kanton Wallis der Klimaveränderung noch zu trotzen.

Wer gerne in den Bergen ist und nach einer anspruchsvollen Wanderung deftige Küche wie Älplermagronen, Rösti oder herzhafte Wähen liebt, ist in den Schweizer Alpen gut aufgehoben.

GEBRATENE SERVIETTEN-KNÖDEL MIT PILZSAUCE

75 MINUTEN

3-4 PORTIONEN

Für die Knödel
2 Zwiebeln
3 Knoblauchzehen
Pflanzenfett (bevorzugt Kokosfett)
4 Semmeln (ca. 4 Stück)
1 Handvoll Petersilie
300 ml Pflanzendrink (Soja, Hafer, Mandel, Erbse, Kokos, Cashew)
2 EL Maisstärke
1 EL Kichererbsenmehl (oder Dinkelmehl)
1-2 EL naturtrüber Apfelessig
½ TL Backpulver
Salz, Pfeffer

Für die Pilzsauce
1 mittelgroße Zwiebel
1 Handvoll Champignons (oder Pilze nach Wahl)
1 Handvoll Kräuterseitlinge (oder Pilze nach Wahl)
4 Liebstöckelzweige
Pflanzenfett (bevorzugt Kokosfett)
100 ml Weißwein
200-300 ml Gemüsebrühe
1-2 EL Nussmus (Cashew, Mandel, Haselnuss)
pflanzliche Sahne oder Crème fraîche zum Verfeinern (optional)
Salz, Pfeffer, Muskat

1. Zwiebeln und Knoblauch in feine Würfel (Brunoise) schneiden und in einer Bratpfanne mit etwas Pflanzenfett mit leichter Farbgebung braten.

2. Währenddessen die Semmel halbieren, in grobe Würfel schneiden und in eine Schüssel geben. Die Petersilie fein hacken und dazugeben. Pflanzendrink, Maisstärke, Kichererbsenmehl, Apfelessig und Backpulver hinzufügen. Die gebratenen Zwiebeln dazugeben und alles gut von Hand vermischen. Mit Salz, Pfeffer und etwas Muskatnuss kräftig würzen und nochmals gut vermischen.

3. Klarsichtfolie auf der Arbeitsfläche ausbreiten und die Masse als Strang darauflegen. In der Folie einrollen, die Enden zusammendrehen und den Knödelteig mehrmals über die Arbeitsfläche rollen, bis er fest eingerollt ist. Den Knödel entweder im Dampfgarer bei 100 °C oder im Wasserbad bei leicht siedendem Wasser 30–40 Minuten dämpfen. Danach herausnehmen und abkühlen lassen.

4. In der Zwischenzeit die Zwiebel für die Pilzsauce in feine Würfel (Brunoise), die Pilze in grobe Würfel schneiden. Die Liebstöckelblätter fein hacken. Etwas Pflanzenfett in einer Bratpfanne erhitzen und die Zwiebeln glasig dünsten. Die Pilze hinzufügen und mitdünsten. Mit Weißwein ablöschen und einköcheln lassen. Mit Brühe aufgießen und zum Kochen bringen. Das Nussmus dazugeben und gut umrühren. Nicht mehr stark aufkochen. Wenn die Sauce noch etwas zu dick ist, etwas mehr Brühe nachgießen. Zum Schluss den Liebstöckel hinzufügen und mit Salz und Pfeffer abschmecken.

5. Wer mag, kann die Sauce auch noch mit etwas Pflanzensahne oder Crème fraîche verfeinern. Warm halten.

6. Den ausgekühlten Serviettenknödel aus der Folie entfernen und in ca. 1–1,5 cm dicke Scheiben schneiden. In einer Bratpfanne mit Pflanzenfett beidseitig goldbraun braten. Zusammen mit der Pilzsauce servieren.

KARTOFFELGULASCH WIENER ART

45 MINUTEN 3-4 PORTIONEN

3 große Zwiebeln
850 g mehligkochende Kartoffeln
1 EL Pflanzenfett (bevorzugt Kokosfett)
2 EL Tomatenmark
30 g Paprikapulver edelsüß
1 TL Kümmel, ganz
4 EL Weißwein oder Kräuteressig
ca. 800-900 ml Gemüsebrühe
2 Knoblauchzehen
3-4 Majoranzweige
½ Handvoll frische Petersilie
pflanzlicher Sauerrahm, Crème fraîche oder Pflanzenjoghurt
Salz, Pfeffer

1. Zwiebeln und Kartoffeln in grobe Würfel schneiden. Das Pflanzenfett in einem Topf erhitzen und die Zwiebelwürfel mit leichter Farbgebung ausbacken. Tomatenmark, Paprikapulver und Kümmel hinzufügen und 1 Minuten mitdünsten. Mit dem Weißwein oder Essig ablöschen und mit der Gemüsebrühe aufgießen. Die Knoblauchzehen dazu pressen.

2. Aufkochen und so lange leicht köcheln lassen, bis die Kartoffeln weich sind. Gelegentlich umrühren.

3. Währenddessen die Majoranblätter von den Stielen zupfen und grob hacken. Die Petersilienblätter fein hacken. Den Majoran 10 Minuten vor Ende der Garzeit zum Gulasch geben.

4. Zum Schluss mit Salz und Pfeffer abschmecken und mit Sauerrahm und Petersilie garnieren. Heiß servieren.

BAYRISCHER KRAUTSALAT
mit Kartoffeln und Joghurtdip

40 MINUTEN **3-4 PORTIONEN**

- 500 g Weißkohl
- 6 EL Kräuteressig
- 2 Zwiebeln
- 1 EL Pflanzenfett (bevorzugt Kokosfett)
- 200 ml Gemüsebrühe
- 1 EL Kümmel, ganz
- 2 EL Senf
- 1-2 EL Vollrohrzucker
- 6 EL Sonnenblumenöl
- 5-6 mittelgroße festkochende Kartoffeln
- ½ Handvoll krause Petersilie
- 3 EL Pflanzenjoghurt, griechisch oder Skyr
- 1 Knoblauchzehe
- Steinsalz, Pfeffer

1. Den Strunk vom Weißkohl entfernen und die Blätter sehr fein schneiden oder mit einer Mandoline raspeln. Das Kraut in eine Schüssel geben und mit etwas Salz und 2 EL Kräuteressig würzen. Mit den Händen oder zwei Löffeln gut vermischen und 30 Minuten ziehen lassen. Danach das Kraut etwas ausdrücken und die Flüssigkeit abgießen.

2. Währenddessen die Zwiebeln in kleine Würfel (Brunoise) schneiden. Mit etwas Pflanzenfett in einer beschichteten Bratpfanne glasig dünsten. Mit der Gemüsebrühe aufgießen. Restlichen Kräuteressig, Kümmel, Senf und Zucker hinzufügen. Einmal aufkochen und vom Herd nehmen. 5 Minuten stehen lassen und dann das Sonnenblumenöl hinzufügen. Nun lauwarm über das geschnittene Kraut gießen und mit Salz und Pfeffer würzen. Gut vermengen und mindestens 30 Minuten, optimal 2 Stunden bei Raumtemperatur ziehen lassen. Gelegentlich umrühren. Bei Bedarf nochmals nachwürzen.

3. Die Kartoffeln weich garen. Währenddessen die Petersilienblätter fein hacken und zum Joghurt geben. Die Knoblauchzehe dazu pressen und mit Salz und Pfeffer würzen.

4. Die Kartoffeln zum Salat servieren. Auch Semmeln oder Laugenbrezen passen dazu.

TÜFFEL UND PLUM

45 MINUTEN   3-4 PORTIONEN

2 Zwiebeln
1 Karotte
1 Pfälzer Rübe
700 g festkochende Kartoffeln
½ Lauchstange
200 g geräucherter Tofu
2 Stück veganer geräucherter Landjäger (optional)
150 g Backpflaumen, entsteint (gedörrte Pflaumen)
Pflanzenfett (bevorzugt Kokosfett)
2-3 EL Weißwein- oder Kräuteressig
ca. 1 l Gemüsebrühe
3 Lorbeerblätter
2 Gewürznelken
1 TL Senfkörner
etwas frischer Meerrettich
½ Handvoll glatte Petersilie
Salz, Pfeffer

1. Die Zwiebeln, Karotte, Rübe und Kartoffeln in grobe Würfel schneiden. Den Lauch halbieren und in gleich große grobe Stücke schneiden. Räuchertofu und Landjäger in gleich große Würfel schneiden wie das Gemüse. Die Backpflaumen halbieren.

2. 1-2 EL Pflanzenfett in einem Topf erhitzen und die Zwiebelwürfel darin glasig dünsten. Die Karotten- und Rübenwürfel hinzufügen und 3-4 Minuten mitdünsten. Lauch hinzugeben und 3-4 Minuten mitdünsten. Die Kartoffeln hinzufügen und 1 Minute mitdünsten. Mit Weißwein oder Kräuteressig ablöschen und mit der Gemüsebrühe auffüllen.

3. Backpflaumen, Lorbeerblätter, Nelken, etwas frisch geriebenen Meerrettich und Senfkörner hinzufügen und zugedeckt bei leichter Stufe so lange köcheln lassen, bis das Gemüse und die Kartoffeln gar sind. Gelegentlich umrühren und bei Bedarf etwas Brühe nachgießen.

4. Inzwischen die Petersilie grob hacken und am Ende der Garzeit hinzufügen. Die Lorbeerblätter entfernen, nochmals mit Salz und Pfeffer abschmecken und den Eintopf heiß servieren.

KIRSCHMICHEL MIT VANILLESAUCE

60 MINUTEN   1 AUFLAUFFORM

Für den Kirschmichel

ca. 400 g altes Brot oder 3–4 Brötchen (ich verwende dunkles Dinkelbrot)
80 g Vollrohrzucker
200 ml Haferdrink
100 g geschmolzenes Pflanzenfett (Margarine oder Kokosfett)
1 Zitrone
1 TL Backpulver
2 EL Dinkelmehl
1 Prise Salz
100 ml Aquafaba (Kichererbsenwasser)
250 g Sauerkirschen, abgetropft
Pflanzenfett (bevorzugt Kokosfett)
2 EL Paniermehl
200 ml Saft von den Sauerkirschen
1 Handvoll gehobelte Mandeln
etwas Puderzucker

Für die Vanillesauce

200 ml Pflanzendrink (bevorzugt Hafer)
2 EL Vollrohrzucker (nach Belieben mehr)
1 große Vanilleschote
1-2 Prisen Kurkuma, gemahlen
etwas Maisstärke

1. Das Brot in grobe Würfel schneiden und in eine große Schüssel geben. Zucker, Haferdrink, geschmolzenes Pflanzenfett, Schalenabrieb der Zitrone, Backpulver, Dinkelmehl und Salz hinzufügen, gut vermischen und etwas stehen lassen.

2. Währenddessen das Kichererbsenwasser mit einem Stabmixer in einem hohen Gefäß steif schlagen (das kann einen Moment dauern). Den Kichererbsenschnee und die Sauerkirschen zur Brotmasse hinzufügen und vorsichtig unterheben. Wer es süßer mag, fügt noch etwas mehr Zucker hinzu.

3. Die Auflaufform ausfetten und das Paniermehl in die Form geben. Die Form in alle Richtungen kreisen, damit das Paniermehl überall am Fett kleben bleibt. Die Brotmasse in die Auflaufform geben und bei 180 °C (Umluft) für 25–30 Minuten ausbacken.

4. Den Kirschsaft in einen Topf geben und langsam einkochen, bis er leicht eindickt. Die Konsistenz lässt sich testen, indem man mit einem Löffel ein paar Tropfen auf einen kühlen Teller tropft.

5. Die gehobelten Mandeln in einer Bratpfanne goldgelb rösten, beiseitestellen und auskühlen lassen.

6. Für die Vanillesauce Hafermilch und Zucker in einen Topf geben und erhitzen. Die Vanilleschote auskratzen und das Mark dazugeben. Etwas Kurkuma hinzufügen, damit die Sauce leicht gelblich wird. Mit Maisstärke zur gewünschten Dicke abbinden.

7. Den Kirschmichel aus dem Ofen nehmen, mit den Mandeln und mit Puderzucker bestreuen und lauwarm servieren. Den eingedickten Sauerkirschsaft und die Vanillesauce dazu reichen.

Poggenmühlen-
Brücke

Hamburgs pulsierende Hafenstadt vereint maritimes Flair mit urbanem Charme. Zwischen historischen Speicherhäusern und der modernen Elbphilharmonie kann man das lebendige Treiben an den Landungsbrücken erleben. Ein Kurzbesuch zeigt, wie vielfältig und faszinierend diese Stadt ist.

CHICORÉE-AUFLAUF

60 MINUTEN **3-4 PORTIONEN**

80 g Cashewkerne
ca. 1 kg Chicorée
1 Zwiebel
3 Knoblauchzehen
1 EL Pflanzenfett (bevorzugt Kokosfett)
1 EL Dinkelmehl
100 ml Weißwein
100 ml Gemüsebrühe
100 ml Pflanzendrink (Soja, Hafer, Kokos)
200 ml Pflanzensahne (Soja, Cashew, Hafer)
4-5 Thymianzweige
Salat nach Wahl
1 Handvoll Walnüsse
Kräuteressig
Raps- oder Sonnenblumenöl
etwas glatte Petersilie zum Garnieren
Salz, Pfeffer, Muskatnuss

1. Die Cashewkerne in warmem Wasser für 15-20 Minuten einweichen. Einen Topf mit Wasser zum Kochen bringen und leicht salzen. Den Chicorée der Länge nach halbieren, ohne den Strunk zu entfernen und im Wasser 5-6 Minuten blanchieren. Abschöpfen und in Eiswasser abkühlen, danach abgießen.

2. Zwiebel und Knoblauch in feine Würfel (Brunoise) schneiden. Das Pflanzenfett in einem Topf erhitzen und die Zwiebel- und Knoblauchwürfel darin glasig dünsten. Mit Dinkelmehl bestäuben, von der Herdplatte nehmen und gut verrühren. Wieder auf den Herd stellen, mit dem Weißwein ablöschen und kurz einköcheln lassen.

3. Mit Gemüsebrühe, Pflanzendrink und Pflanzensahne auffüllen und mit einem Schneebesen alles gut verrühren. Aufkochen und mit Salz, Pfeffer und Muskat würzen sowie die Thymianzweige hinzufügen.

4. Die Cashewkerne abgießen und in einem Mixer mit 60-80 ml Wasser fein mixen, bis eine dickliche Masse entsteht. Diese zur Sauce geben, nochmals aufkochen und gegebenenfalls nochmals abschmecken.

5. Den Chicorée in eine Auflaufform schichten und die Sauce gleichmäßig darüber verteilen, sodass er bedeckt ist. Im vorgeheizten Ofen bei 190-200 °C (Umluft) goldbraun ausbacken.

6. Kurz bevor der Auflauf fertig ist, den Salat mit den Walnüssen, Essig, Öl, Salz und Pfeffer in einer Schüssel anmachen. Den Auflauf mit gehackter Petersilie garnieren und zusammen mit dem Salat servieren.

KNIDDELEN mit Kräutersauce

45 MINUTEN 3-4 PORTIONEN

Für den Kniddelen-Teig
450 g Dinkelmehl
ca. 150 ml Mineralwasser mit Kohlensäure
ca. 150 ml Pflanzendrink (Soja, Hafer, Mandel, Cashew)
ca. 1 EL Mais- oder Kartoffelstärke
½ TL Backpulver
ca. ½ TL Kurkuma, gemahlen
Muskat, Salz

Für die Kräutersauce
2 Frühlingszwiebeln
½ Bund Kerbel
1 EL Pflanzenfett (bevorzugt Kokosfett)
½–1 EL Dinkelmehl
100 ml Weißwein
150 ml Gemüsebrühe
ca. 250 ml pflanzliche Sahne (Hafer, Soja)
Salz, Pfeffer

1. Für den Kniddelen-Teig alle Zutaten in einer großen Schüssel zu einem Teig verarbeiten. Er sollte leicht feucht sein, ähnlich wie Spätzleteig. 15 Minuten stehen lassen.

2. Währenddessen das Weiß der Frühlingszwiebeln fein hacken und das Grün in feine Streifen schneiden. Den Kerbel fein hacken und beiseitestellen. Das Weiß der Frühlingszwiebeln in einer Bratpfanne mit etwas Pflanzenfett ohne Farbgebung glasig dünsten. Mit Dinkelmehl bestäuben, gut verrühren und mit Weißwein ablöschen und einköcheln lassen.

3. Mit Gemüsebrühe und Sahne aufgießen und mit Salz und Pfeffer würzen. Einige Minuten köcheln lassen und gegebenenfalls etwas mehr Sahne hinzufügen. Zum Schluss den Kerbel und das Grün der Frühlingszwiebeln dazugeben, gut vermischen und warm halten.

4. Einen kleinen Topf mit leicht gesalzenem Wasser aufkochen. Zwei Esslöffel ins kochende Wasser tauchen. Anschließend mit einem Löffel etwas Teigmasse aufnehmen und mit dem anderen Löffel die Masse ins siedende Wasser streichen. Diesen Prozess einige Male wiederholen (ca. 10 Stück auf einmal). Einige Minuten sieden lassen und die Kniddelen abgießen und warm stellen. So oft wiederholen, bis der Teig verarbeitet ist. Auf einem Teller anrichten und mit der Kräuterrahmsauce übergießen. Passend mit einem saisonalen Salat oder als Beilage zu anderen Speisen servieren.

BUNTER GEMÜSESTAMPF

45 MINUTEN **3-4 PORTIONEN**

1 Zwiebel
2-3 Knoblauchzehen
3 Karotten
4-5 Wirsing- oder Grünkohlblätter
6-7 mittelgroße mehlige Kartoffeln
Pflanzenfett (bevorzugt Kokosfett)
100 g rote Linsen
2 EL naturtrüber Apfelessig
ca. 500-600 ml Gemüsebrühe
1 Frühlingszwiebel
150 g Pflanzenjoghurt
1 Handvoll glatte Petersilie
3-4 EL Olivenöl
Salz, Pfeffer, Muskatnuss

1. Die Zwiebel in grobe Würfel und den Knoblauch in Scheiben schneiden. Die Karotten der Länge nach halbieren und in grobe Stücke schneiden. Den Strunk von den Wirsingblättern entfernen und die Blätter in kleine Stücke schneiden. Die Kartoffeln ebenfalls in grobe Stücke schneiden.

2. 1-2 EL Pflanzenfett in einem Topf erhitzen und die Zwiebelwürfel und Knoblauchscheiben 4-5 Minuten glasig dünsten. Die Karottenwürfel hinzufügen und 3-4 Minuten mitdünsten. Die Wirsingstücke hinzufügen und nochmals 3-4 Minuten mitdünsten. Die Kartoffeln und die Linsen hinzufügen und 1-2 Minuten mitdünsten.

3. Apfelessig und Gemüsebrühe dazugeben und so lange köcheln lassen, bis das Gemüse und die Linsen richtig weich gekocht sind. Gegebenenfalls etwas Brühe nachgießen. Das Gemüse sollte immer nur leicht bedeckt sein. Gelegentlich umrühren.

4. Währenddessen die Frühlingszwiebel ganz fein schneiden und mit dem Joghurt vermischen. Mit etwas Salz und Pfeffer würzen und beiseitestellen.

5. Die Petersilie fein hacken und beiseitestellen. Wenn das Gemüse weich ist, die noch übrig gebliebene Flüssigkeit vorsichtig abgießen und auffangen. Nun mit einem Stampfer das Gemüse grob zerstampfen. Wenn der Stampf etwas trocken erscheint, etwas vom Gemüsesud dazugeben.

6. Olivenöl und gehackte Petersilie hinzufügen und mit Salz, Pfeffer und Muskatnuss würzen und gut vermischen. Gemeinsam mit der Joghurtsauce servieren.

NIEDERLANDE

BITTERBALLEN

60 MINUTEN 3-4 PORTIONEN

750 g mehligkochende Kartoffeln
1 mittelgroße Rote-Bete-Knolle
1 große Zwiebel
3 Knoblauchzehen
ca. 8 Champignons oder Pilze nach Wahl oder Saison
1 Handvoll frische Petersilie
Pflanzenfett (bevorzugt Kokosfett)
etwas Rote-Bete-Saft
½ Bund Dill
Senf
½ TL Vollrohrzucker
Salz, Pfeffer, Muskatnuss

Für die Panade
Dinkelmehl
Kichererbsenmehl
Paniermehl

1. Die Kartoffeln in grobe Stücke, die Rote Bete in kleine Würfel schneiden. Beides in einen Topf geben, mit Wasser aufgießen und leicht salzen. Aufkochen und so lange köcheln lassen, bis die Kartoffeln weich sind.

2. In der Zwischenzeit Zwiebel und Knoblauch fein würfeln. Die Pilze ebenfalls in kleine Stücke schneiden. Die Petersilie fein hacken. Die Zwiebeln in etwas Pflanzenfett glasig dünsten. Die Pilzstücke dazugeben und für einige Minuten mitdünsten. Zum Schluss die Petersilie hinzufügen. Beiseitestellen.

3. Die weich gekochten Kartoffeln abgießen und 10 Minuten ausdampfen lassen, damit die Feuchtigkeit entweicht. Nun die Kartoffeln mit der Roten Bete mit einem Kartoffelstampfer oder einer großen Gabel zerdrücken. Die Pilzmischung dazugeben und gut vermischen. 1-2 EL Rote-Bete-Saft hinzufügen, gut umrühren und mit Salz, Pfeffer und Muskat würzen. Falls die Masse etwas zu feucht ist, etwas Mehl hinzufügen und einarbeiten.

4. Für die Panade einen Teller mit Mehl, einen Teller mit ca. 2 EL Kichererbsenmehl vermischt mit etwas Wasser und einen Teller mit Paniermehl bereitstellen. Das Kichererbsenmehlwasser sollte leicht dickflüssig sein.

5. Von Hand kleine Kugeln aus der Kartoffel-Rote-Bete-Masse formen. Zum Panieren zuerst die Kugel im Mehl wenden und dann ins Kichererbsenwasser geben. Zum Schluss im Paniermehl wenden. Wer möchte, wiederholt den Schrott mit dem Kichererbsenwasser und dem Paniermehl für eine dickere Panade.

6. Frittiert wird in Öl oder im Ofen, was ich bevorzuge. Auf 190-220 °C (Umluft) vorheizen und die Bitterballen 25-35 Minuten ausbacken.

7. Zum Schluss den Dill fein hacken, mit etwas Senf und Zucker vermischen und zu den Bitterballen servieren.

Das Klischee mit den Windrädern hat sich für mich in Holland klar bestätigt.

Die üppige, aber eher flache Landschaft, die überaus freundlichen Menschen und auch die Architektur sind in den Niederlanden etwas Einzigartiges.

Die skandinavische und britische Küche

DIE KÜCHEN DES NORDENS

Die skandinavische Küche lässt sich als schlicht und bodenständig beschreiben. Die Gerichte sind oft einfach und sehr natürlich. Das Klima im Norden prägt diese Küchentradition: Es ist eher kühl, kalt und feucht. Die Winter sind lang und dunkel, die Sommer kurz und unbeständig. Zutaten wie Rote Bete, Kartoffeln, Erbsen und verschiedene Rübenarten dominieren die klassischen Gerichte. Auch Fisch spielt eine sehr große Rolle, was angesichts der reichlichen Verfügbarkeit kaum überrascht.

In jüngster Zeit gewinnt die skandinavische Küche trotz ihrer Einfachheit zunehmend die Aufmerksamkeit internationaler Köche – und zwar nicht nur wegen der vielen Fischrezepte, sondern vor allem, weil das Potential riesig ist, sie mit anderen Kochstilen zu kombinieren, Gerichte auch nach veganen Prinzipien zu adaptieren und individuell anzupassen.

Die englische oder britische Küche wird zu Unrecht mitunter als langweilig oder einfallslos bezeichnet. Vielleicht lässt sie sich tatsächlich nicht mit der italienischen Küche vergleichen – doch gerade ihre Schlichtheit verleiht ihr einen besonderen Charme.

Durch Großbritanniens globale Präsenz während der Kolonialzeit und seine Rolle im Commonwealth hat die britische Küche zahlreiche Elemente aus verschiedenen Weltregionen integriert. Gewürzmischungen wie gelbes Currypulver gehören in England zur Alltagsküche. Und das English Breakfast kennt wahrscheinlich jeder: gebackene Bohnen in einer würzig-süßen Tomatensauce. An Currygerichten mangelt es in England ebenfalls nicht, aber auch die Eintöpfe mit vielfältigen Gemüsesorten, Kräutern und Gewürzen sind nicht zu unterschätzen. Und natürlich darf man die Scones nicht vergessen. It's worth a try!

LAUCHGRATIN

ZUBEREITUNG 25-30 MINUTEN • GESAMT 50-60 MINUTEN

3-4 PORTIONEN

3 Lauchstangen
2 EL Pflanzenfett (bevorzugt Kokosfett)
2 EL Dinkelmehl
100 ml Weißwein
100 ml Gemüsebrühe
ca. 200 ml Pflanzendrink (Soja, Cashew, Hafer)
100 ml Pflanzensahne (Soja, Cashew, Hafer)
3 Knoblauchzehen, geschält
½ Handvoll Petersilie
5 Thymianzweige
150-200 g pflanzliche Crème fraîche
2-3 EL Hefeflocken
Salz, Pfeffer
Muskatnuss

1. Den Lauch längs halbieren, ggf. vierteln und in grobe Stücke schneiden. Diese gut im Wasserbad waschen, dann abgießen und abtropfen lassen.

2. In einem Topf das Pflanzenfett erhitzen und die Lauchstücke darin 5-7 Minuten unter gelegentlichem Rühren dünsten. Mit Dinkelmehl bestreuen, vom Herd nehmen und gut vermischen. Zurück auf den Herd stellen, mit Weißwein ablöschen und reduzieren lassen.

3. Nun Gemüsebrühe, Milch und Sahne hinzufügen. Gut vermischen und langsam zum Kochen bringen.
Die Flüssigkeit sollte den Lauch im Topf leicht bedecken und während des Aufkochens leicht eindicken. Die Knoblauchzehen dazupressen. Mit Salz, Pfeffer und Muskatnuss würzen.

4. Nun die Petersilie samt den Stielen fein hacken und die Thymianblätter von den Zweigen zupfen und hinzufügen. Crème fraîche und Hefeflocken ebenfalls hinzufügen und alles gut vermischen. Die Flüssigkeit sollte leicht gebunden sein. Ist sie zu dick, etwas mehr Flüssigkeit dazu geben, ist sie zu flüssig, mit etwas Stärke oder Hefeflocken abbinden.

5. Die ganze Masse in eine Auflaufform geben und bei 190-210 °C (Umluft) 25-35 Minuten goldbraun ausbacken.

DÄNISCHER APFELKUCHEN IM GLAS

45–60 MINUTEN **4 KLEINE GLÄSER**

- ca. 700 g süßsaure Äpfel
- 2 EL Dattelsirup
- 1–2 Zimtstangen
- 3 Sternanis
- 1 Prise Salz
- 1 Vanilleschote
- 2–3 EL Kokosfett
- 100 g Paniermehl (alternativ Reispaniermehl)
- ½ Handvoll Haselnüsse, grob gehackt
- ½ Handvoll Walnüsse, grob gehackt
- 3 EL Vollrohrzucker
- 1 Bio-Orange
- 1 Bio-Zitrone
- 3–4 EL Grand Manier (alternativ Orangen- und Zitronensaft)
- ca. 200 g Pflanzenjoghurt (Soja, Hafer, Kokos)

1. Für das Apfelkompott 500 g der Äpfel ungeschält halbieren, entkernen und in ca. 1,5 cm große Würfel schneiden. Die Apfelwürfel in einen Topf geben und etwas Wasser hinzufügen.

2. Dattelsirup, Zimt, Anis und Salz hinzufügen. Die Vanilleschote aufschneiden, das Mark auskratzen und Schale und Mark in den Topf geben. Langsam zum Kochen bringen und zugedeckt unter gelegentlichem Rühren die Äpfel weich kochen. Ist die Flüssigkeit einreduziert und die Apfelwürfel weich, den Topf vom Herd nehmen, Zimtstange, Sternanis und Vanilleschote entfernen und das Apfelkompott auskühlen lassen.

3. In einer beschichteten Pfanne 1–2 EL Kokosfett erhitzen und Paniermehl, Nüsse sowie 2 EL Zucker hinzufügen und unter ständigem Rühren goldbraun braten. Auf ein Blech mit Backpapier geben und auskühlen lassen.

4. Währenddessen die übrigen Äpfel halbieren, entkernen und in mittelgroße Schnitze schneiden. Orange und Zitrone mit lauwarmem Wasser gut abspülen und die Schale abreiben.

5. 1 EL Kokosfett in einer Bratpfanne erhitzen und die Apfelschnitze beidseitig ausbacken. Die Orangen- und Zitronenzeste sowie 1 EL Zucker hinzufügen und mit etwas Grand Manier und/oder mit dem Saft der Orange und der Zitrone ablöschen, ein Schluck Wasser hinzufügen und einreduzieren. Gut schwenken und zum Abkühlen auf einen Teller oder in eine Schüssel geben.

6. Wenn alle Zutaten abgekühlt sind, mit dem Anrichten beginnen: Nimm ein beliebiges kleines Glas und fülle es abwechselnd mit Streuseln, Apfelkompott und Joghurt – etwa 1–1,5 cm pro Schicht. Schließe mit einer Streuselschicht ab. Die gebratenen Apfelschnitze kannst du entweder mit einschichten, obendrauf packen oder separat servieren. Sie können auch heiß aus der Pfanne serviert werden.

RUNEBERG-TÖRTCHEN

60 MINUTEN   8-10 STÜCK

150 ml Kokosfett
80-100 g Vollrohrzucker
150 g Dinkel- oder Weizenmehl
100 g gemahlene Mandeln
60 g gemahlene Haselnüsse
60 Semmelbrösel oder Paniermehl
½ TL Salz
1 TL Zimtpulver
1-2 TL Kardamom, gemahlen
½ TL Lebkuchengewürz
1½ TL Backpulver
etwas Rum (nach Belieben)
200-250 ml Pflanzendrink (Soja, Hafer, Mandel)
Puderzucker
Zitronensaft

Für die Fruchtsauce
2 EL Vollrohrzucker
Rum (nach Belieben)
150-200 g Himbeeren (TK)

1. Kokosfett in einem Topf leicht erwärmen. Zucker, Mehl, Mandeln, Haselnüsse, Semmelbrösel, Salz, Zimt, Kardamom, Lebkuchengewürz und Backpulver in einer Schüssel vermischen.

2. Das flüssige Fett, Rum und Pflanzendrink hinzufügen und mit einem Rührbesen alles gut vermischen. Die Masse in Muffinförmchen füllen (nicht ganz voll machen). Den Ofen auf 190 °C (Umluft) vorheizen und die Küchlein 20-25 Minuten backen. Sie sollten eine schöne hellbraune Farbe bekommen. Aus dem Ofen nehmen und auf einem Gitter auskühlen lassen.

3. In der Zwischenzeit für die Fruchtsauce den Zucker in einem kleinen Topf mit wenig Wasser erhitzen und unter ständigem Rühren karamellisieren. Mit etwas Rum ablöschen und die Himbeeren hinzufügen. So lange köcheln lassen, bis die Beeren komplett zerfallen sind und die Flüssigkeit leicht eindickt.

4. Alles in einen Mixer geben und mixen. Die Fruchtsauce durch ein kleines feines Sieb streichen, damit übrig gebliebene Kerne entfernt werden. Auskühlen lassen.

5. Etwas gesiebten Puderzucker mit wenig Zitronensaft vermischen. Der Zuckerguss sollte eine leicht zähe Konsistenz haben. Die ausgekühlten Törtchen mit dem Zuckerguss übergießen und trocknen lassen. Kurz vor dem Servieren einen Klecks Himmbeersauce auf die Küchlein geben oder dazu servieren.

GELBE ERBSENSUPPE

45 MINUTEN 2-3 PORTIONEN

1 Zwiebel
1 Frühlingszwiebel
1 Karotte
1 Stange Staudensellerie
200 g getrocknete Gelberbsen (mind. 8 Stunden in Wasser eingelegt)
4 Majoranzweige
4 Oreganozweige
4 Thymianzweige
1-2 EL Pflanzenfett
2 EL Senf
1 l Gemüsebrühe
1-2 TL Vollrohrzucker
2 Gewürznelken
Salz, Pfeffer

1. Die Zwiebel und das Weiß der Frühlingszwiebel in feine Würfel schneiden. Das Grün der Frühlingszwiebel in feine Streifen schneiden und für die Garnitur beiseitelegen. Die Karotte und den Sellerie in kleine Würfel schneiden. Die Gelberbsen abgießen und gut abspülen.

2. Die Majoran-, Oregano- und Thymianblätter von den Stielen zupfen und grob hacken.

3. 1 EL Pflanzenfett in einem Topf erhitzen, das geschnittene Gemüse außer dem Frühlingszwiebel-Grün hinzufügen und ohne Farbgebung glasig dünsten. Den Senf dazugeben und kurz mitdünsten. Die Erbsen dazugeben und mit Gemüsebrühe auffüllen. Kräuter, Zucker und Gewürznelken hinzufügen. Bei gelegentlichem Umrühren so lange köcheln lassen, bis die Gelberbsen weich sind.

4. Die Hälfte der Suppe in einen anderen Topf geben und mit dem Stabmixer ganz fein pürieren. Wieder in den Haupttopf geben und gut umrühren. Wenn die Suppe zu dick ist, etwas Brühe nachgießen und nochmals aufkochen.

5. Mit Salz und Pfeffer würzen, zwei Drittel des Grüns der Frühlingszwiebel hinzufügen und nochmals kurz umrühren. Heiß servieren und mit den restlichen Frühlingszwiebeln garnieren.

SKANDINAVISCHE DILLKARTOFFELN

30 MINUTEN

2 PORTIONEN

10-12 neue festkochende Kartoffeln (je nach Größe)
1-2 Handvoll grüne Erbsen (TK)
1 Schalotte
2 Knoblauchzehen
1 Bund Dill
2 EL Pflanzenfett (bevorzugt Kokosfett)
1 EL Kichererbsen- oder Dinkelmehl
200 ml Pflanzensahne oder Kokosmilch
Salz, Pfeffer

1. Die Kartoffeln mit Schale im Wasser so lange kochen, bis sie gar sind. Kurz vor Ende der Kochzeit die Erbsen hinzufügen und nochmals 2–3 Minuten mitkochen. Danach abgießen und kurz ausdampfen lassen. Die Kartoffeln halbieren.

2. In der Zwischenzeit die Schalotte und den Knoblauch in feine Würfel schneiden oder hacken. Den Dill von den groben Stielen befreien und grob hacken.

3. 1 EL Pflanzenfett in einer Bratpfanne erhitzen und Zwiebeln und Knoblauch ohne Farbgebung glasig dünsten. Kichererbsen- oder Dinkelmehl hinzufügen und klumpenfrei verrühren. Die Pflanzensahne hinzufügen und mit Salz und Pfeffer würzen. Kurz aufkochen und vom Herd nehmen.

4. Die gekochten und abgegossenen Kartoffeln und Erbsen sowie den Dill hinzufügen und gut vermischen. Mit Salz und Pfeffer abschmecken, gegebenenfalls noch etwas Sahne hinzufügen und heiß servieren.

Obwohl ich den Süden Europas wegen seiner Wärme liebe, gefällt mir der Norden dennoch am besten. Die Stille, die von der kraftvollen Natur ausgeht, habe ich außer im Himalaya in Indien nirgendwo so stark empfunden wie in den endlosen Wäldern Schwedens.

TROLLKREM

40 MINUTEN **4 PORTIONEN (4 KLEINE GLÄSCHEN)**

50–80 g Vollrohrzucker
200 g Preiselbeeren (frisch oder TK)
100 ml Aquafaba (Kichererbsenwasser), gekühlt
150 ml pflanzliche Sahne zum Steifschlagen, z. B. Hafer
100 g pflanzlicher Joghurt
1–2 EL Agavendicksaft oder Dattelsirup

1. Den Zucker in einem kleinen Topf mit wenig Wasser erhitzen und unter ständigem Rühren karamellisieren lassen.

2. Die Preiselbeeren hinzufügen, etwas Wasser dazugeben und unter gelegentlichem Rühren so lange köcheln lassen, bis die Flüssigkeit leicht eindickt und die Preiselbeeren zerfallen sind (ca. 10 Minuten). Das Ganze mit einem Mixer zu einer Fruchtsauce mixen und in einer kleinen Schüssel auskühlen lassen. Der Fruchtcoulis sollte abgekühlt leicht eingedickt sein.

3. Nun das gekühlte Aquafaba mit einem Stabmixer und dem passenden Aufsatz steif schlagen. Es sollte wie Eiweiß schön steif werden. Auch die Sahne steif schlagen.

4. Den Pflanzenjogurt mit 95 % der ausgekühlten Preiselbeerfruchtsauce vermischen. Den Agavendicksaft hinzufügen und vorsichtig den geschlagenen Kichererbsenschnee unterheben. Zum Schluss die geschlagene Sahne langsam vorsichtig unterheben. Wer will, kann nun noch ein paar ganze Preiselbeeren hinzufügen, nochmals leicht vermischen und in einem Glas anrichten. Mit Preiselbeeren und etwas Fruchtsauce garnieren.

BLUMENKOHL-SENF-SUPPE

45 MINUTEN

3-4 PORTIONEN

1 Zwiebel
2 mehligkochende Kartoffeln
½ Blumenkohl (ca. 300 g)
⅓ Lauchstange
1 Stange Staudensellerie
1 Frühlingszwiebel
1-2 EL Pflanzenfett (bevorzugt Kokosfett)
3 EL milder Senf
ca. 800 ml Gemüsebrühe
5-6 Thymianzweige
100 ml Pflanzensahne (Soja, Cashew, Hafer, Linsen, Kokos)
Salz, Pfeffer

1. Zwiebel und Kartoffeln in grobe Würfel, Blumenkohl, Lauch und Sellerie in grobe Stücke schneiden. Die Frühlingszwiebel fein schneiden und beiseitelegen.

2. Pflanzenfett in einem Topf erhitzen und die Zwiebeln gemeinsam mit dem Lauch glasig dünsten. Sellerie und Blumenkohl hinzufügen und 2-3 Minuten mitdünsten. Die Kartoffeln hinzufügen und 2 Minuten mitdünsten. Den Senf dazugeben und 1 Minute mitdünsten.

3. Mit Gemüsebrühe aufgießen und die Thymianzweige dazugeben. So lange köcheln lassen, bis die Kartoffeln weich sind. Danach die Zweige entfernen. (Die Blätter sollten fast komplett vom Stiel gefallen sein und in der Suppe liegen.)

4. Mit einem Stabmixer die Suppe fein pürieren. Falls sie zu dick ist, noch etwas Brühe hinzufügen. Zum Schluss die Pflanzensahne eingießen, umrühren und mit Salz und Pfeffer abschmecken. Heiß servieren und mit frischen Thymianblättern und Frühlingszwiebeln garnieren.

ENGLISCHES KÜRBISCURRY

45 MINUTEN 2–3 PORTIONEN

160 g Basmati- oder Jasminreis
2 Zwiebeln
3 Knoblauchzehen
1 daumengroßes Stück Ingwer
120 g Hokkaido, entkernt mit Schale
120 g Butternut-Kürbis, geschält und entkernt
1 kleine Chilischote
1 EL Pflanzenfett (bevorzugt Kokosfett)
2–3 EL mildes Currypulver
1 EL Kurkuma, gemahlen
½ EL Kreuzkümmel, gemahlen
½ EL Zimtpulver
1 EL Tomatenmark
200–300 ml Gemüsebrühe
200 ml Kokosmilch oder Pflanzensahne
1 Handvoll frischer Koriander
Salz, Pfeffer

1. Den Reis mit ca. 450 ml Wasser zugedeckt aufkochen. Nach etwa 5 Minuten die Hitze reduzieren und zugedeckt auf kleiner Stufe so lange garen, bis die Flüssigkeit aufgesaugt wurde. Gelegentlich umrühren.

2. Die Zwiebeln in grobe Würfel, die Knoblauchzehen in feine Scheiben schneiden. Den Ingwer schälen und in dünne, feine Streifen schneiden. Die Kürbisse in grobe Würfel schneiden. Die Chilischote halbieren, die Kerne mit dem Messerrücken oder einem Löffel auskratzen und die Chili in feine Streifen schneiden.

3. Das Pflanzenfett in einem Wok erhitzen und die Zwiebeln mit Knoblauch und Ingwer mit leichter Farbgebung anbraten. Die Kürbisstücke hinzufügen und kurz mitdünsten.

4. Curry, Kurkuma, Kreuzkümmel, Zimt, Tomatenmark und ½ TL Salz hinzufügen und gut vermischen. 1–2 Minuten unter ständigem Rühren mitrösten. Mit der Gemüsebrühe und der Kokosmilch aufgießen und zugedeckt ca. 15–20 Minuten köcheln lassen, bis der Kürbis gar ist. Bei Bedarf etwas Wasser nachgießen.

5. Inzwischen die Korianderblätter grob hacken. Wenn der Kürbis gar ist, den Wok vom Herd nehmen und den Koriander dazugeben. Mit Salz und Pfeffer abschmecken und gut vermischen. Mit dem Reis servieren.

CORNISH PASTIES

90 MINUTEN   3-4 MITTELGROSSE PASTIES

Für den Teig

240 g vegane Butter, sehr kalt
450 g Dinkelmehl
½ TL Backpulver
Salz

Für die Füllung

200 g weichkochende Kartoffeln, geschält
1 Zwiebel
2 Knoblauchzehen
½ Stange Lauch
1 Karotte, geschält
6-7 Pilze nach Wahl
150 g Tofu
1-2 EL Pflanzenfett
½ frischer oder 1 EL getrockneter Oregano
1-2 EL Hefeflocken (optional)
Salz, Pfeffer, Muskatnuss

1. Für die Füllung die Kartoffeln in Würfel schneiden und im leicht gesalzenen Wasser weich kochen.

2. Währenddessen die Zwiebel und die Knoblauchzehen in feine Würfel (Brunoise) schneiden. Den Lauch, die Karotten und die Pilze in kleine Stücke schneiden. Den Tofu auf einem Teller mit den Händen zerbröseln.

3. In einer Bratpfanne das Pflanzenfett erhitzen und die Zwiebel- und Knoblauchwürfel glasig dünsten. Die Lauch- und Karottenwürfel dazugeben und 4–5 Minuten mitdünsten. Die Pilze und den Tofu dazugeben und nochmals 2–3 Minuten mitdünsten. Mit Salz, Pfeffer und Muskatnuss würzen und vom Herd nehmen.

4. Die weich gekochten Kartoffeln abgießen und ein paar Minuten ausdampfen lassen. Zurück in den Topf geben und mit einer Gabel grob zerstampfen. Die Oreganoblätter von den Stielen zupfen und fein hacken. Die zerstampften Kartoffeln und den Oregano zum Gemüse geben und alles gut vermischen. Nochmals würzen, optional Hefeflocken hinzufügen und beiseitestellen.

5. Für den Teig die Butter in grobe Würfel schneiden und in eine Schüssel geben. Mehl, Backpulver und Salz dazugeben und mit den Händen oder in einer Küchenmaschine gut verarbeiten, bis eine leicht bröselige Masse entstanden ist. Nun etwas Wasser dazugeben (nicht zu viel) und zu einem festen Teig verarbeiten. Den Teig für 10 Minuten in den Kühlschrank stellen.

6. Den Teig in vier Stücke teilen und diese möglichst dünn auswälzen. Am einfachsten geht das, wenn der Teig zwischen zwei Backpapiere gelegt und so ausgerollt wird – oder auf einer Arbeitsfläche mit genügend Mehl. Nun mithilfe einer Schüssel Kreise ausstechen.

7. Auf die eine Hälfte etwa 2–3 EL von der Gemüse-Kartoffel-Masse geben. Den Rand mit wenig Wasser bepinseln und die andere Hälfte vorsichtig über die Füllung klappen. Die Ränder gut andrücken.

8. Den Rand einfalten und die Pasties auf ein Blech mit Backpapier legen. Bei 195–210 °C (Ober-/Unterhitze) langsam für ca. 30 Minuten ausbacken, bis sie goldbraun sind. Aus dem Ofen nehmen, kurz ausdampfen lassen und warm servieren.

SHEPARD'S PIE

75 MINUTEN

4 PORTIONEN

150 g Puy-Linsen (alternativ Berglinsen/braune Linsen)
1 kg mehligkochende Kartoffeln
1 große Zwiebel
3 Knoblauchzehen
3 Karotten
1 kleine Lauchstange
1 EL Pflanzenfett (bevorzugt Kokosfett)
2 EL Tomatenmark
1 EL milder Senf
100 ml Rotwein
ca. 200 ml Gemüsebrühe
1 EL Vollrohrzucker
3 Lorbeerblätter
2–3 Gewürznelken
1 EL getrockneter Thymian
1 EL getrockneter Rosmarin
100 g Pflanzenjogurt
ca. 300 ml Pflanzendrink (Soja, Hafer)
2–3 EL Kokosfett
Salz, Pfeffer, Muskatnuss

1. Die Linsen in einem Topf ohne Salz gar kochen, abgießen und dann ausdampfen lassen.

2. Die Kartoffeln in grobe Würfel schneiden und in Salzwasser weich kochen. Währenddessen Zwiebel und Knoblauch in feine Würfel schneiden (Brunoise). Die Karotten in kleine Stücke schneiden. Den Lauch längs halbieren und die Hälften nochmals längs halbieren oder dritteln und dann in feine Streifen schneiden. Anschließend im Wasserbad nochmals gut waschen. Abgießen und abtropfen lassen.

3. In einem ofenfesten Topf oder einer Gusseisenpfanne die Zwiebel- und Knoblauchwürfel im Pflanzenfett mit leichter Farbgebung glasig dünsten. Die Karotten hinzugeben und 4–5 Minuten mitdünsten. Die Lauchstreifen hinzugeben und 3–4 Minuten mitdünsten. Tomatenmark und Senf hinzufügen und 1–2 Minuten mitdünsten. Mit Rotwein ablöschen und einköcheln lassen.

4. Gemüsebrühe, Zucker, Lorbeerblätter, Nelken, Thymian und Rosmarin hinzufügen und köcheln lassen. Die gekochten Linsen hinzufügen, gut vermischen und für weitere 10 Minuten köcheln lassen. Gegebenenfalls etwas Brühe nachgießen. Mit Salz und Pfeffer würzen. Das Linsengemüse sollte am Ende noch etwas Restflüssigkeit haben.

5. Die weich gekochten Kartoffeln abgießen, ausdampfen lassen und zurück in den Topf geben. Mit einem Stampfer zerdrücken oder durch eine Kartoffelpresse pressen. Pflanzenjogurt, Pflanzendrink und 2–3 EL Kokosfett hinzufügen und gut vermischen. Mit Salz, Pfeffer und Muskat würzen.

6. Falls das Linsengemüse nicht in einer ofenfesten Pfanne gemacht wurde, nun in eine Auflaufform füllen. Gleichmäßig verteilen und das Kartoffelpüree obendrauf ebenfalls gleichmäßig verteilen. Im Ofen bei 190 °C (Umluft) 25–30 Minuten backen, bis die Kartoffelmasse eine leicht goldbraune Farbe angenommen hat. Aus dem Ofen nehmen, kurz stehen lassen und servieren.

KARTOFFEL-KOHL-STAMPF

Colcannon

IRLAND

45 MINUTEN 3-4 PORTIONEN

1 kg mehligkochende Kartoffeln
3 große Grünkohlblätter
1 Frühlingszwiebel
½ Handvoll glatte Petersilie
3-4 Schalotten
Pflanzenfett (bevorzugt Kokosfett)
ca. 200 ml Pflanzensahne oder Pflanzendrink
50-60 g Pflanzenmargarine, alternativ Olivenöl
Salz, Pfeffer, Muskatnuss

1. Die Kartoffeln in grobe Stücke schneiden und im Salzwasser weich kochen.

2. In der Zwischenzeit den Strunk von den Kohlblättern entfernen und diese in feine Streifen schneiden. 3-4 Minuten in Salzwasser kochen und abgießen.

3. Die Frühlingszwiebel fein schneiden und die Petersilie fein hacken. Die Schalotten in feine Würfel schneiden und in einer Bratpfanne mit etwas Pflanzenfett glasig dünsten. Mit der Pflanzensahne aufgießen, kräftig mit Salz, Pfeffer und Muskat würzen und 3-4 Minuten köcheln lassen. Den Grünkohl dazugeben.

4. Die Kartoffeln abgießen, zurück in den Topf geben und 3 Minuten ausdampfen lassen. Mit einem Kartoffelstampfer grob zerdrücken.

5. Frühlingszwiebel und Glattpetersilie zum Kohl geben. Die Pflanzenmargarine hinzufügen und schmelzen lassen. Nun den Kartoffelstampf dazugeben, gut vermischen und, wenn nötig, nochmals mit Salz, Pfeffer und Muskat nachwürzen. Heiß servieren.

Tipp: Passt super zu diversen Saucengerichten mit Gemüse oder Fleischersatz oder als einzelnes Gericht mit Salat und gerösteten Nüssen.

SOMMERDESSERT mit Himbeeren und Whiskycreme

Cranachan

40 MINUTEN CA. 4 KLEINE GLÄSER

ca. 6 EL feine Haferflocken
80 g Cashewkerne
2–3 EL Vollrohrzucker
200 g Himbeeren (TK)
ca. 5 EL schottischer Whisky (alternativ Scotch)
3 Handvoll frische Himbeeren
80 ml Cashew-, Soja-, Mandel- oder Haferdrink
150 ml Hafersahne zum Aufschlagen
200 g pflanzliche Crème fraîche (Mandel, Soja, Kokos), alternativ Pflanzenjoghurt
1 Orange
1 EL Agavendicksaft
getrocknete oder frische Himbeeren als Garnitur

1. Die Haferflocken in einer beschichteten Pfanne mit leichter Farbgebung unter ständigem Schwenken rösten. Auf einen Teller geben und auskühlen lassen.

2. Die Cashews für 15 Minuten in heißem Wasser einlegen. 1–2 EL Zucker und ganz wenig Wasser in einen Topf geben und unter ständigem Rühren karamellisieren lassen. Nun die gefrorenen Himbeeren hinzugeben, mit etwas von dem Whisky ablöschen und unter gelegentlichem Rühren so lange köcheln lassen, bis die Himbeeren zerfallen und die Flüssigkeit etwas eindickt.

3. In einen Mixer geben und ca. 1 Minute pürieren. Die Himbeersauce durch ein feines Sieb passieren und im Kühlschrank auskühlen lassen. Sie sollte im kühlen Zustand leicht dickflüssig sein.

4. Die frischen Himbeeren in eine kleine Schüssel geben und 1 EL Zucker hinzufügen. Mit einer Gabel die Himbeeren zerdrücken, 2 EL der Himbeersauce hinzufügen und beiseitestellen.

5. Die Cashews abgießen. Cashewdrink hinzufügen und 1–2 Minuten in einem Mixer oder mit dem Stabmixer pürieren, bis eine geschmeidige und leicht dicke Masse entsteht. Danach die Hafersahne mit dem Stabmixer steif schlagen.

6. Die Crème fraîche zur Cashewmasse geben und unterrühren. Die Orange unter warmem Wasser gut abspülen, die Schale abreiben und zur Creme geben. Agavendicksaft und restlichen Whisky hinzufügen und unterrühren. Zum Schluss die geschlagene Hafersahne vorsichtig darunterheben.

7. Kleine Gläser abwechslungsweise mit den zerstampften Himbeeren, der Whiskycreme und den gerösteten Haferflocken schichten. Zum Schluss mit Haferflocken bestreuen und mit frischen Himbeeren garnieren. Mit der restlichen Fruchtsauce anrichten oder noch etwas von der Fruchtsauce über die frischen Himbeeren geben.

SALZIGE SCONES
mit Apfelchutney

75-90 MINUTEN   4-6 PORTIONEN

300 g Dinkelmehl
2 TL Backpulver
150 g Pflanzenmargarine (Zimmertemperatur)
150 ml Pflanzendrink (Soja, Hafer)
½ TL Salz

Für das Apfelchutney
1 Zwiebel
3 Kochäpfel (z. B. Boskop)
5 getrocknete Aprikosen
1 Stück frischer Ingwer (½ Daumen)
1 El Pflanzenfett (bevorzugt Kokosfett)
½ Handvoll Rosinen
1 TL gelbe Senfsamen
ca. 80 g Vollrohrzucker
100 ml naturtrüber Apfelessig
1 Prise Zimtpulver
Salz
Rote-Bete-Kresse für die Garnitur

1. Dinkelmehl, Backpulver, Margarine, Pflanzendrink und Salz in eine Schüssel geben und zu einer mürben Masse verarbeiten. Nicht zu lange kneten. Danach ca. 2 cm dick ausrollen und mit einem Ausstecher Kreise mit 5–6 cm Durchmesser ausstechen. Diese auf ein Blech mit Backpapier legen und bei 180 °C (Umluft) ca. 15–20 Minuten backen, bis sie leicht Farbe annehmen. Aus dem Ofen nehmen und auskühlen lassen.

2. Die Zwiebel in kleine Würfel (Brunoise) schneiden. Die Äpfel entkernen und in ca. 5 mm kleine Würfel schneiden. Die getrockneten Aprikosen ebenfalls in kleine Würfel schneiden. Den Ingwer schälen und ganz fein schneiden, hacken oder reiben.

3. Etwas Pflanzenfett in einem Topf erhitzen und die Zwiebeln darin glasig dünsten. Äpfel, Aprikosen, Rosinen, Ingwer und Senfsamen hinzufügen und 2–3 Minuten mitdünsten. Zucker hinzugeben und gut vermischen. Mit Apfelessig und 50 ml Wasser aufgießen, Zimt und etwas Salz hinzufügen und unter gelegentlichem Rühren so lange köcheln lassen, bis die Flüssigkeit eingedickt ist. Danach zugedeckt 10–15 Minuten stehen lassen.

4. Die Scones in der Mitte durchschneiden und mit dem Chutney füllen. Mit Rote-Bete- oder anderer Kresse beliebig garnieren.

Tipp: Passt ideal als kleine Vorspeise, als Snack oder Apéro.

DANK

Im Grunde darf ich jedem Menschen danken, dem ich in diesem Leben bereits ein oder mehrere Male begegnet bin. Ganz egal, ob die Begegnungen mit freudigen oder schmerzhaften Erinnerungen verbunden sind. Jede Begegnung, jeder Blick, jede Berührung und jedes an mich gerichtete Wort hat mich genau hierhergebracht. Ich bin einfach dankbar für alles, was ich bis hierhin erleben und lernen durfte. Dankbar für jede Begegnung, jedes Lachen und jede Träne – das ist das Leben.

Ein besonderer Dank, in Zusammenhang mit diesem Buch, geht an meinen Kochbuchpartner und langjährigen Freund Iwan Hediger. Gemeinsam haben wir die ersten Schritte in die Kochbuchwelt gewagt und zwei tolle Bücher geschrieben. Von ihm habe ich das Fotografieren gelernt. Auch in diesem Buch hat er mich diesbezüglich unterstützt, mir Tipps und Tricks gezeigt und mir bei designtechnischen Fragen unter die Arme gegriffen.

Liebe Leser:innen,
wir freuen uns, dass wir mit diesem Buch Teil eurer kulinarischen Reise sein dürfen.
Noch mehr Inspiration, köstliche Anregungen und kreative Erlebnisse findet ihr auf unserer Verlagsseite www.stiebner.com.

Tretet mit uns in Kontakt!

Wir sind immer offen für Anregungen, Wünsche und Kritik – schreibt uns gerne unter verlag@stiebner.com.

Da geteilte Freude bekanntlich doppelte Freude ist: Zeigt uns eure kulinarischen Kreationen auf Social Media! Markiert uns mit @stiebnerverlag und @yvesseeholzer oder nutzt die folgenden Hashtags:
#vegantasteofeurope #stiebnerverlag

Text: Yves Seeholzer
Fotografie: Yves Seeholzer (außer Bilder auf den Seiten 130: AdobeStock/ lukszczepanski und 131: AdobeStock/LianeM)
Cover, Layout und Satz: Danai Afrati
Projektleitung (und Lektorat) Stiebner Verlag: Verena Stindl
Druck: Polygraf print, Slowakei

MIX Papier | Fördert gute Waldnutzung FSC® C023577

ISBN 978-3-8307-1074-5

Bibliografische Information der Deutschen Nationalbibliothek:
Die Deutsche Nationalbibliothek verzeichnet diese Publikation in der Deutschen Nationalbibliografie; detaillierte bibliografische Daten sind im Internet über http://dnb.dnb.de abrufbar.

Die Rezepte in diesem Buch wurden vom Autor und den Mitarbeiter:innen des Verlags sorgfältig geprüft. Eine Garantie wird jedoch nicht übernommen. Autor und Verlag können für eventuell auftretende Schäden nicht haftbar gemacht werden.

Wir produzieren unsere Bücher mit großer Sorgfalt und Genauigkeit. Trotzdem lässt es sich nicht ausschließen, dass uns in Einzelfällen Fehler passieren. Auf unserer Webseite finden sich bei dem jeweiligen Titel eventuelle Korrekturen (Errata). Sollten Sie in diesem Buch einen Fehler finden, so bitten wir um einen Hinweis an verlag@stiebner.com. Für solche Hinweise sind wir sehr dankbar, denn sie helfen uns, besser zu werden.

www.stiebner.com

edonien slovenien türkei russland tschechien ungarn
ien ukraine slowakei schweiz österreich detschland b
orwegen england irland schottland Frankreich Italien
ien bosnien montenegro serbien mazedonien slovenien
ien litauen lettland estonien moldavien ukraine slowa
ande dänemark finland schweden norwegen england i
riechenland malta kroatien albanien bosnien monteneg
ngarn polen bulgarien rumänien litauen lettland esto
chland belgien luxemburg niederlande dänemark finlan
alien spanien portugal andorra griechenland malta kr
enien türkei russland tschechien ungarn polen bulgar
e slowakei schweiz österreich detschland belgien luxe
ngland irland schottland frankreich italien spanien po
n montenegro serbien mazedonien slovenien türkei r
ettland estonien moldavien ukraine slowakei schweiz
nark finland schweden norwegen england irland scho
nalta kroatien albanien bosnien montenegro serbien r
en bulgarien rumänien litauen lettland estonien mold
uxemburg niederlande dänemark finland schweden no
ortugal andorra griechenland malta kroatien albanien
ussland tschechien ungarn polen bulgarien rumänien
sterreich detschland belgien luxemburg niederlande d
and frankreich italien spanien portugal andorra griech
nazedonien slovenien türkei russland tschechien ungar
avien ukraine slowakei schweiz österreich detschland
orwegen england irland schottland frankreich italien
n bosnien montenegro serbien mazedonien slovenien
tauen lettland estonien moldavien ukraine slowakei s
dänemark finland schweden norwegen england irland

SCHOTTLAND SCHWEIZ SPANIEN MONTENEGRO ALBANIEN MALTA DEUTSCHLAND DÄNEMARK